ESPERANZA
PARA LOS
SEPARADOS

ESPERANZA
PARA LOS
SEPARADOS

MATRIMONIOS HERIDOS
PUEDEN SER SANADOS

GARY CHAPMAN

PORTAVOZ

Título del original: *Hope for the Separated*, © 2005 por Gary Chapman y publicado por Moody Publishers, 820 N. LaSalle Blvd., Chicago, Illinois 60610-3284. Traducido con permiso.

Edición en castellano: *Esperanza para los separados*, © 2007 por Gary Chapman y publicado por Editorial Portavoz, filial de Kregel Publications, Grand Rapids, Michigan 49501. Todos los derechos reservados.

EDITORIAL PORTAVOZ
P.O. Box 2607
Grand Rapids, Michigan 49501 USA

Visítenos en: www.portavoz.com

ISBN 978-0-8254-1155-7

2 3 4 5 edición / año 11 10 09 08

Impreso en los Estados Unidos de América
Printed in the United States of America

A las muchas parejas que,
en el dolor de la separación
aceptaron el reto de buscar la
reconciliación y me permitieron
contar sus viajes

CONTENIDO

RECONOCIMIENTOS

Estoy profundamente en deuda con muchos individuos separados que me han dado a conocer sus luchas. De en medio de sentimientos ambivalentes de amor y odio, de alivio y dolor, enojo y preocupación, muchos de ellos han seguido el camino de la reconciliación. No todos lo han logrado pero todos han madurado. Los he observado manejar la responsabilidad con el fracaso y levantarse para enfrentar el futuro con confianza. Su ejemplo ha servido para animarme en la escritura de este volumen, el cual se designa para apuntar hacia el camino de la esperanza.

A Debbie Barr Stewart y a Tricia Kube expreso una sincera gratitud por su pericia, la que dieron generosamente al editar y teclear el manuscrito.

INTRODUCCIÓN

En los últimos treinta años he tratado de ayudar a la gente con relaciones problemáticas. Mucho de los que han venido a mi oficina entraron al punto de la separación marital. El nivel de estrés en su matrimonio alcanzó un punto donde uno de los esposos se había ido. El dolor de la separación y la posibilidad real del divorcio los llevó a buscar ayuda.

Por lo general arribaban a mi oficina habiendo perdido toda esperanza. Parte de mi rol como consejero es proveer esperanza. En este libro deseo darle a conocer lo que he aprendido durante esos treinta años de aconsejar a los individuos. Por favor sepa que no se encuentra solo.

Miles de personas experimentaron separación marital el año pasado. Estoy seguro de que muchos de ellos sinceramente quieren saber "¿qué debo hacer como cristiano?" Este libro es un intento de responder esa pregunta. No contiene respuestas fáciles o fórmulas rígidas. No hay un medicamento sencillo para un matrimonio enfermo hasta el punto de la desesperación. Pero los que realmente quieren ayuda, aun si la medicina es "difícil de tragar" continúen leyendo. Sus posibilidades de recuperación son buenas.

Para pastores, consejeros laicos y parientes que quieren ayudar a esos en la agonía de la separación, he tratado de dar respuestas bíblicas y prácticas en un lenguaje que todo el mundo pueda entender. Un número de libros útiles se han escrito para los divorciados pero ninguno, en mi opinión, trata adecuadamente con las luchas del individuo durante el período de la separación.

No se debe asumir que la separación siempre lleva al divorcio. La separación puede llevar también a un matrimonio restaurado, enriquecido, maduro. Los individuos involucrados tienen que determinar las consecuencias de la separación. En este libro queremos ver de forma realista ambas alternativas. La separación no es permanente. Es un tiempo de transición que lleva a un matrimonio restaurado o al divorcio. En cualquier caso, tenemos que hacer lo mejor del proceso. Las tareas en la conclusión de cada capítulo le ayudarán a dar pasos específicos hacia la incorporación de las ideas en sus vidas. El valor fundamental no se encuentra en la lectura sino en la aplicación de la verdad. Un sabio antiguo una vez dijo: "La jornada de mil kilómetros comienza con un paso".

Espero que este libro le ayude a dar ese paso.

Uno

¿QUÉ LE SUCEDIÓ A NUESTRO SUEÑO?

Separarse o no separarse, esa es la cuestión. La cuestión fue establecida cuando uno de ustedes se fue y estableció su residencia en lugar separado. Las ropas y las pertenencias personales pueden que no hayan sido trasladas pero usted comenzó a vivir aparte. Separado. La misma palabra puede traer miedo a su corazón y puede que no le guste pero usted se encuentra separado. Pudiera decirlo: "Estoy separado".

La separación no es muerte, aunque es muy ciertamente el "valle de sombra de muerte" (Sal. 23:4). Es tan similar a la muerte que puede sentir la misma angustia y dolor experimentados por aquellos que se despiden de un ser amado por la muerte. Pero la sombra de muerte no se debe equiparar con la misma muerte. La separación puede que sea el valle de la restauración y el dolor que usted siente puede ser los dolores de parto que darán un renacer a su matrimonio. Por otra parte la separación puede ser el comienzo del fin. El fruto de la separación se determinará por lo que usted y su cónyuge digan y hagan en las próximas semanas y meses.

En un sentido muy real, la separación necesita un cuidado intensivo, muy similar como al que se le da a uno que esté en peligro físico grave. La condición de su matrimonio es "crítica". Las cosas pueden tener cualquier salida en cualquier momento. La medicina apropiada es esencial, que es el propósito de este libro. La cirugía puede ser necesitada. Esto necesitará los servicios de un consejero o de un pastor. Lo que usted hará en las próximas semanas determinará la calidad de su vida para los años venideros. Esté seguro, Dios está preocupado acerca del resultado. Puede contar con Él para la ayuda sobrenatural.

La separación no es el momento de capitular. La batalla por la unidad marital no ha terminado hasta que el certificado de muerte es firmado. En la mayoría de los estados, tiene de seis a doce meses durante los cuales puede continuar la guerra contra el enemigo de su matrimonio. Aún vale la pena luchar por los sueños y por las esperanzas que usted compartió cuando se casó. Ambos se casaron porque estaban enamorados (o pensaron que lo estaban en ese momento). Soñaban con un matrimonio perfecto en el que cada uno hacía que el otro se sintiera sumamente feliz. ¿Qué sucedió con ese sueño? ¿Qué falló? ¿Qué puede hacer para corregirlo?

El sueño se puede vivir de nuevo. Pero no sin trabajo-trabajo que demandará escucha, entendimiento, disciplina y cambio-trabajo que puede resultar en la alegría de un sueño hecho realidad.

Sé que algunos de ustedes están diciendo: "Suena bien pero no funcionará. Lo hemos intentado antes. Además pienso que mi cónyuge ni siquiera lo intentará de nuevo".

Quizás esté en lo cierto pero no asuma que la actitud hostil de su cónyuge seguirá para siempre. Uno de los regalos de Dios a todos los hombres y mujeres es el regalo de la elección. Podemos cambiar y ese cambio puede ser para lo mejor. Su cónyuge puede estar diciendo: "He terminado. Se acabó. ¡No quiero hablar de eso!" Dos semanas o meses más tarde, sin embargo, su pareja puede estar deseosa de hablar. Mucho depende de lo que haga mientras tanto y mucho depende de su respuesta al Espíritu de Dios.

Otros están diciendo: "No estoy seguro de que quiera arreglar el matrimonio. He intentado. He dado y he dado. No funcionará y sería lo mismo que me fuera ahora". Comprendo profundamente esos sentimientos. Sé que cuando hemos intentado una y otra vez sin éxito, podemos perder el deseo de volver a intentar. No vemos esperanza, así que concluimos que no tenemos otra alternativa que darnos por vencidos. Nuestras emociones no nos alientan a componer el matrimonio. Es por eso que yo nunca les pregunto a las personas "¿quieres enmendar el matrimonio?" Al momento de la separación hemos perdido muchos de nuestros "queremos". Tenemos que recordar nuestros valores, nuestros compromisos, nuestros sueños y tenemos que elegir lo que se tiene que hacer para serles fieles a ellos.

¿Dónde debo ir por ayuda? Para los que son cristianos hay una fuente estable a la que nos volvemos cuando necesitamos guía. La fuente es la Biblia. Los no cristianos pueden o no ir a la Biblia pero el cristiano es atraído por el Espíritu de Dios a las Escrituras. En la Biblia no encontramos solo lo que debemos hacer, sino además el aliento para hacerlo. Aun el no cristiano que está sinceramente buscando ayuda en la Biblia puede encontrar significado en la sentencia de Pablo: "Todo lo puedo en Cristo que me fortalece" (Fil. 4:13). Cuando venimos a Cristo encontramos la ayuda externa que necesitamos para hacer lo que nuestros propios recursos inadecuados no pueden realizar.

Cuando nos volvemos a la Biblia para la guía en el matrimonio, vemos dos señales viales: Una marcada "camino equivocado", la otra "desvío". En la señal camino equivocado aparece la palabra divorcio. En la otra señal marcada desvío aparece la palabra unidad matrimonial. Exploremos el significado y las direcciones de estas dos señales.

De acuerdo con los Nuevo y Antiguo Testamentos el divorcio siempre representa el camino equivocado. En el comienzo cuando Dios le dijo a Adán y a Eva: "Fructificaos y multiplicaos; llenad la tierra" (Gn. 1:28). Él nunca dio la más mínima insinuación de que la relación marital no iba a ser otra cosa que para toda la vida. La primera mención de divorcio en la Biblia se encuentra en los escritos de Moisés cientos de años después de la creación del hombre (Lv. 21:14; 22:13; Nm. 30:9; Dt. 24:1-4). Moisés permitió el divorcio pero nunca fue aprobado por Dios. Jesús más tarde explicó a los fariseos que Moisés había permitido el divorcio solo por su "dureza de corazón" (Mt. 19:8), pero que desde el principio el divorcio no estaba en el plan de Dios. Jesús afirmó que la intención de Dios era monógama, las relaciones maritales de por vida. Cuando Dios instituyó el matrimonio, el divorcio no era una opción. Dios no creó ni el divorcio ni la poligamia. Eso fue innovación del hombre. A la vista de Dios, esas innovaciones siempre son claramente equivocadas.

Por otra parte, la señal marcada desvío-unidad marital

incluye que usted no ha perdido de vista la meta, ni se ha salido del camino. Más bien está tomando la ruta tortuosa de la separación porque el puente de su unión se ha derrumbado. La discordia marital ha debilitado el puente del matrimonio y el paso a la armonía restaurada en su matrimonio no es más una ruta corta, recta.

La señal de desvío puede traer inmediatamente un sentimiento de aflicción pero detrás de esa aflicción yace la esperanza. Por lo menos hay señales que apuntan a su camino principal. Hacia una renovación de la unidad marital. Si sigues cuidadosamente, las posibilidades de encontrar el camino son buenas.

La separación está parada en una bifurcación en el camino de su vida. Tiene que escoger qué camino seguirá en los próximos meses. Hemos visto que Dios nunca alienta el divorcio, sino que le permite al hombre la libertad de escoger cualquiera de las rutas. En el curso de la historia de la humanidad, el hombre ha hecho muchas decisiones insensatas. Dios no ha destruido al hombre inmediatamente por su equivocación. Si Dios hubiese escogido ese recurso, el hombre se hubiera extinguido hace miles de años. Dios le ha permitido al hombre una genuina libertad que incluye la libertad de maldecir a Dios y caminar por su propio camino. La Biblia indica que, de una forma u otra todos hemos usado esa libertad para nuestro propio descarrío (Is. 53:6).

El principio que Dios instituyó junto con la libertad del hombre se encuentra en Gálatas 6:7: "No os engañéis; Dios no puede ser burlado: pues todo lo que el hombre sembrare, eso también segará". Dios simplemente le ha permitido al hombre recoger la cosecha de la semilla de lo que él siembra, esperando que el hombre aprenderá a sembrar la buena semilla. "No se engañen: De Dios nadie se burla. Cada uno cosecha lo que siembra" (Gá. 6:7, NVI).

Los planes de Dios para el hombre son buenos. Dios nunca instituyó nada diseñado para hacer que el hombre esté angustiado. "Porque yo sé los pensamientos que tengo acerca de vosotros, dice Jehová, pensamientos de paz, y no de mal, para daros el fin que esperáis" (Jer. 29:11). Cuando Dios dice que el divorcio es el camino equivocado, Él no está haciendo la vida difícil. Está apuntando al camino de la prosperidad y de la esperanza.

"Pero no teníamos prosperidad ni esperanza antes de separarnos", dice usted. Eso puede ser verdad pero los fracasos pasados no dictan el futuro. La ausencia del cumplimiento que experimentó antes de la separación probablemente vino de una de tres fuentes: (1) Falta de una relación íntima con Dios, (2) falta de una relación íntima con su pareja, (3) falta de un entendimiento íntimo y aceptación de usted mismo. El primero y el último pueden ser corregidos sin la ayuda de su cónyuge. El segundo, por supuesto, requerirá la cooperación de ambos, el esposo y la esposa. Un cambio radical en las tres áreas es altamente posible. Por tanto, la potencialidad para el renacimiento de su matrimonio está asegurada.

En capítulos más adelante ofreceré formas de iniciar cambios en cada una de las áreas mencionadas arriba. Pero primero, quiero expresar claramente que el ideal bíblico para las parejas separadas llama a la reconciliación. Puede que no tenga deseos de reconciliarse. Puede que no vea esperanza para el reencuentro. El proceso lo puede asustar pero permítame retarlo a seguir el ejemplo del mismo Dios.

A través de la Biblia, a Dios se le pinta como teniendo una relación de amor con su pueblo: En el Antiguo Testamento con Israel y en el Nuevo Testamento con la Iglesia. En muchas ocasiones Dios se ha encontrado a sí mismo separado de su pueblo, no por su elección sino por la de ellos. En un sentido, la Biblia entera es un registro de los intentos de Dios para reconciliarse con su pueblo. El libro de Oseas da la más gráfica ilustración del proceso.

Gomer, la esposa de Oseas le fue infiel una y otra vez pero Dios dijo: "Me dijo otra vez Jehová: Ve, ama (a tu esposa) como el amor de Jehová para con los hijos de Israel, los cuales miran a dioses ajenos…" (Os. 3:1). Oseas debía ser una ilustración del alcance de Dios para la reconciliación con Israel. A pesar de la idolatría y de la infidelidad a Dios, Él dijo: "Pero he aquí que yo la atraeré y la llevaré al desierto, y hablaré a su corazón. Y le daré sus viñas desde allí, y el valle de Acor (problema) por puerta de esperanza; y allí cantará como en los tiempos de su juventud, y como en el día de su subida de la tierra de Egipto" (Os. 2:14-15).

En el Nuevo Testamento oímos a Jesús expresar el dolor de la separación cuando dice: "¡Jerusalén, Jerusalén, que matas a los profetas, y apedreas a los que te son enviados! ¡Cuántas veces quise juntar a tus hijos, como la gallina junta sus polluelos debajo de las alas, y no quisiste! He aquí vuestra casa os es dejada desierta" (Mt. 23:37-38).

En el libro de Jeremías, Dios le dice a Israel: "Anda… Me he acordado… de la fidelidad de tu juventud, del amor de tu desposorio, cuando andabas en pos de mí en el desierto, en tierra no sembrada" (2:2). Dios continúa describiendo como Él protegió a Israel de sus enemigos durante esos días.

Pero entonces vino la frialdad, la separación. "¿Se olvida la virgen de su atavío, o la desposada de sus galas (de boda)? Pero mi pueblo se ha olvidado de mí por innumerables días" (2:32). "Pero como la esposa infiel abandona a su compañero, así prevaricasteis contra mí, oh casa de Israel, dice Jehová" (3:20).

El resto del libro es una petición para la reconciliación: "¡Vuelve, apóstata Israel! No te miraré con rencor para siempre, porque soy misericordioso —*afirma el* SEÑOR—. Tan sólo reconoce tu culpa, y que te rebelaste contra el *SEÑOR* tu Dios... ¡Vuélvanse a mí, apóstatas —afirma el *SEÑOR*—, porque yo soy su esposo" (3:12-14, NVI). Note que Dios siempre ruega por la reconciliación sobre la base de corregir el comportamiento pecaminoso. Dios nunca está de acuerdo con la reconciliación cuando Israel continúa en pecado. "¡Vuélvanse, apóstatas, y los curaré de su infidelidad...!" (3:22, NVI). "Israel, si piensas volver, vuélvete a mí —*afirma el* SEÑOR—. Si quitas de mi vista tus ídolos abominables y no te alejas [extravías] de mí, si con fidelidad, justicia y rectitud juras: "Por la vida del *SEÑOR*", entonces "en él serán benditas las naciones, y en él se gloriarán" (4:1-2, NVI).

No puede haber reconciliación sin arrepentimiento. En la relación marital tiene que haber un arrepentimiento mutuo, pues casi siempre el fracaso ha involucrado a ambas partes. Exploraremos eso más profundamente en capítulos más adelante, pero la cuestión que quiero establecer aquí es que el reto bíblico nos llama a buscar el arrepentimiento y la reconciliación.

No deseo minimizar el daño, el dolor, la frustración, el enojo, el resentimiento, la soledad y la decepción que puede sentir. Ni tomo a la ligera los esfuerzos pasados para el ajuste marital. Más bien, el propósito de este capítulo es llamarlo a aceptar el reto de estar separados y de hacer lo máximo de este reto.

A veces la separación trae un sentido de paz emocional al individuo. Esa paz es mal interpretada como una indicación de que la separación y el divorcio tiene que ser lo correcto. Un esposo dijo: "Esta es la primera semana de paz que he tenido en años". Tal paz es el resultado de excluirse de la escena de la batalla; ¡usted ha dejado el conflicto! La retirada, sin embargo, no es nunca el camino a la victoria. Tiene que irse de la retirada con una renovada determinación para derrotar al enemigo de su matrimonio.

La separación lo quita de algunas de las presiones del conflicto. Le da tiempo para que examine los principios bíblicos para que construya un matrimonio significativo. Permite el auto examen en el que las emociones pueden ser separadas del comportamiento. Puede estimular una profundidad de apertura en su comunicación que no estaba presente anteriormente. En resumen, lo sitúa en una perspectiva donde puede desarrollar un nuevo entendimiento de usted y de su cónyuge. La separación no es necesariamente el comienzo del fin. Puede ser solo el comienzo.

TAREAS PARA EL CRECIMIENTO

1. Si es uno de los que se fue, trate de identificar sus razones del abandono. Escríbalas en una hoja de papel completando la oración: "Me fui porque…"

2. Analice cada una de esas razones. ¿Cuáles se pudieran corregir si usted y su cónyuge escogieran hacerlo?

3. Si es uno de los dejados atrás trate de identificar las razones por las que su cónyuge se fue. Escríbalas en una hoja de papel completando la oración: "Pienso que él o ella se fue porque…"

4. Analice cada una de esas razones. ¿Cuáles de ellas se pudieran corregir si su cónyuge eligiera hacerlo?

5. Lea el capítulo siguiente con una mente abierta. Examine sus actitudes y acciones.

TOME UNA ACCIÓN CONSTRUCTIVA

Quiero comenzar este capítulo haciendo una pregunta muy personal, la misma pregunta que me gustaría hacer si usted estuviera sentado en mi oficina: ¿Trabajará para reconciliarse con su cónyuge? ¿Gastará alguna energía y tiempo encontrando lo que se puede hacer y entonces tomar una acción constructiva?

Si lo hace, entonces le quiero dar algunas pautas que pueden apuntar al camino de la restauración de su matrimonio.

Emociones, actitudes y acciones

Carlos y Marta han estado separados por tres meses. Él visita a Ana una vez a la semana, su hija de cinco años. A veces saca a Ana a cenar y a veces Marta lo invita a comer con ellos. La mayoría de las veces Carlos rechaza su oferta pero ha aceptado dos veces. Marta intenta ser positiva pero inevitablemente se encuentra acusando a Carlos de estar viendo a alguien más y a partir de ese punto la conversación se degenera.

Antes de mucho tiempo se encuentra diciendo las palabras que ahora se repiten frecuentemente: "¿Cómo me puedes estar haciendo esto? ¿No te tienes respeto o dignidad? ¿Cómo piensas que haces sentir a Ana? ¡No pienses que ella no sabe lo que está pasando! Puede que ella sea joven pero sabe lo que estás haciendo. Nos estás humillando".

Una vez le dijo a su esposo: "Tu hermano me dijo que te vio el jueves por la noche. Si piensas por un minuto que voy a soportarlo... Entonces nos visitas y actúas como si todo estuviera bien y quiero que lo sepas". Después de unas cuantas palabras familiares y mal escogidas, comenzó a llorar y pronto se encontraba sollozando incontrolablemente".

Carlos vacila entre la represalia y la retirada cuando tales ataques vienen. Si selecciona la represalia, puede atacarla como ella pero el silencio es su respuesta acostumbrada y a veces se marcha mientras su esposa aún está sollozando. Marta lo toma como un rechazo más y su hostilidad crece. Obviamente, el camino de la separación no los está llevando a la reconciliación. Si continúan con ese comportamiento se divorciarán.

Sin que se de cuenta, Marta puede que esté realizando exactamente lo contrario de lo que quiere. Se ha convertido en una esclava de sus emociones hostiles y de sus actitudes negativas. Hace que su tiempo juntos sea extremadamente desagradable. Su comportamiento no se proyecta a estimular su regreso sino a echarlo. ¿Qué hombre en su sano juicio quisiera regresar de esa manera? No estoy diciendo que no puede volver, porque sí puede a pesar de su comportamiento.

(Más acerca de Carlos y Marta más adelante.) Marta, sin embargo no está haciendo nada hacia la restauración sino hacia una separación más grande.

La primera pauta es vigile sus actitudes y acciones; manténgalas positivas. Nosotros no podemos determinar nuestras emociones pero podemos seleccionar nuestras actitudes y acciones.

Al mismo tiempo, reconozca cualquier emoción negativa, pero no le haga caso. Un mejor acercamiento para Marta sería decirle: "Carlos, me siento muy airada y herida cuando pienso que estás viendo a alguien pero dices que no es verdad. Estoy confundida. Quiero creerte pero al basarme en el pasado es difícil creerte. Por lo menos sabes cómo me siento con la idea. No podremos volver a unirnos mientras que tengas una relación. Tienes que tomar la decisión. Mientras tanto, no quiero que el enojo me controle. Intentaré tratarte con dignidad y respeto. Eres una persona que me importa mucho".

Marta está ahora emocionalmente libre para una influencia constructiva sobre Carlos. Ella ha admitido sus sentimientos pero no la han controlado.

¿Y qué de Carlos? ¿Cuáles son sus sentimientos y pensamientos? Puede que no se sienta muy amado y puede tener sentimientos hostiles y de enojo en contra de Marta debido a su comportamiento pasado. Además, esos sentimientos se deben reconocer. Sus sentimientos pueden provenir de una actitud de "venganza hacia ella". Puede razonar. "No satisfizo mis necesidades de afecto, así que se me forzó a ir a otra parte". Por tanto, culpa a Marta por su comportamiento.

¿Qué hará Carlos si elige ocuparse de la reconciliación? Podría comenzar por identificar y reconocer sus propias emociones. Podría decirle a Marta: "He sentido por mucho tiempo que tú no me amas. Me he sentido rechazado una y otra vez a través de los años. He sentido que me has exigido muchas cosas pero me has dado poco de tu cariño. Así que me siento enojado y frío hacia ti. Espero que se puedan cambiar esos sentimientos. Oro para que podamos compartir de una forma abierta el uno con el otro. No quiero que los sentimientos negativos me controlen".

Carlos tiene que ser honesto con la naturaleza de sus relaciones con otras mujeres. Si tiene sentimientos románticos hacia alguien más se tienen que discutir. La reconciliación tiene que comenzar donde estamos. Debemos reconocer los sentimientos románticos pero no someternos a ellos. La reconciliación requerirá romper cualquier relación que pueda existir. Carlos podría decirle a Marta: "Sí, he desarrollado algunos sentimientos muy positivos por otra persona. Encontraré muy difícil decirle que no a esos sentimientos pero lo haré si estás deseosa de ayudarme a restaurar nuestro matrimonio".

Si por otro lado, las relaciones de Carlos con otras mujeres son sencillas relaciones sin sentimientos o comportamientos románticos, entonces él debe comunicárselo claramente a Marta. Si Marta lo encuentra difícil de creer, él tiene que entender su dificultad. Podría decirle: "Marta, puedo entender que encuentras difícil de entender lo que te estoy diciendo. Sencillamente trataré de demostrarte por mis acciones que no estoy involucrado con nadie más. Sé que llegará el día cuando me creerás de nuevo". Con esas actitudes y acciones Carlos demuestra la seriedad de sus esfuerzos para la reconciliación. Esos esfuerzos deben incluir el echar a un lado la compañía femenina fuera del matrimonio.

Una vez que la pareja acuerde esforzarse en restaurar su matrimonio, están listos para resolver los conflictos que los separaron.

"La otra persona"

¿Y la "otra mujer" o "el otro hombre"? Muchas separaciones se han precipitado porque había alguien más involucrado. La relación marital no ha sido saludable por varias semanas. No hay calor, comprensión o unión. A su tiempo, uno de los esposos se encuentra con alguien y se enamora o por lo menos tiene una atracción física-emocional que lo lleva a algún tipo de relación. En un punto, el individuo decide separarse, quizá con la idea de que en alguna parte en el camino esa nueva relación podría llevarlo a un matrimonio. Por lo menos él o ella elige la relación por sobre el matrimonio y se va.

El esposo o la esposa puede o no darse cuenta de la otra relación. En algunos casos, el cónyuge hablará abiertamente de la otra persona y en otros, el cónyuge será muy reservado. En cualquier caso, tal actividad es contraproducente a la reconciliación. La segunda pauta es evite o abandone cualquier relación romántica con otro adulto. Una aventura nunca debe ser una opción.

Una relación con otro, contrario a lo que se nos dijo hace algunos años por algunos psicólogos no mejora el matrimonio sino que lo destruye. La investigación se ha ocupado de hacerlo perfectamente claro. La Biblia siempre ha condenado tal comportamiento como un pecado (Éx. 20:14). Una relación romántica o sexual con otro no es el camino para la reconciliación. Es el camino seguro al divorcio.

No me malinterprete. Soy profundamente receptivo con el dilema que una relación presenta. No le gusta la idea del divorcio pero la relación parece ser más significativa que su matrimonio. En solo unas pocas semanas o meses quizás ha llegado a amar a esa persona más de lo que ama a su cónyuge. Usted es capaz de comunicarse con mucha libertad y comprensión. Parece que fueron hechos el uno para el otro. ¿Cómo puede estar equivocado cuando parece tan correcto?

Sí, sé que una relación es una violación de mis votos matrimoniales y que tal actividad se condena en la Biblia. Pero razona, Dios perdonará y a su tiempo todo funcionará bien.

Es cierto que Dios perdonará si nosotros confesamos y nos arrepentimos genuinamente de nuestros pecados. Dios no perdonará mientras continuemos pecando. Ni el perdón quitará todos los resultados del pecado. Un incidente en la vida de David es un buen ejemplo (2 S. 11:1-12:31). Una mañana mientras que estaba realizando sus ejercicios, vio a Betsabé mientras se bañaba. Le gustó lo que vio, así que dio pasos para ver más de cerca. La trajo al palacio y finalmente tuvo relaciones sexuales con ella. Habiéndola enviado de regreso a su casa, continuó con sus negocios habituales. Quizá no pretendía involucrarse más, o quizá la vería en "ocasiones especiales". Por lo menos, mientras que nadie lo supiera, no haría daño. Sin embargo un pequeño problema se desarrolló. Betsabé le mandó a decir que estaba embarazada. Su esposo Urías había estado en la guerra por varios meses, así que David le ordenó que regresara a su hogar para que se relajara y que descansara, esperando que hiciera el amor con su esposa y que pensara que el niño era de él. (Una vez que hemos pecado, comenzamos un proceso de encubrimiento.) El plan de David no funcionó porque Urías fue más leal al ejército que lo que David había imaginado. Rechazó ir a casa con su esposa mientras que sus hermanos estaban en la batalla. David lo embriagó pero la lealtad de Urías fue más fuerte que el poder de la embriaguez. Por tanto David se movió al plan B.

Le ordenó a Urías ir al frente, lo que aseguraba su muerte. David fue libre de casarse con Betsabé, lo que hizo con apuro. Ahora todo estaba bien y vivieron felices por siempre. ¿Cierto? ¡Falso! Lea el Salmo 51 si desea escuchar la confesión de un corazón quebrantado, escrito por un David angustiado.

Nunca somos mejores por haber pecado. La confesión y el perdón nunca quitan la secuela de nuestras acciones incorrectas. Las marcas emocionales que surgen de la separación y del divorcio nunca se pueden quitar. El dolor que está indeleblemente impreso en las mentes de los hijos nunca se borrará. Nuestra sociedad completa se ha infestado profundamente con una "neurosis desechable". Cuando no está nunca más entusiasmado con algo, deshágase de eso. No importa si es un automóvil o un cónyuge. No es de asombrarse que nuestros hijos están tan inseguros. No es de asombrarse que haya tan poca confianza en el matrimonio. La palabra de uno no parece que sea segura.

Soy receptivo a la lucha y el dolor de perder los sentimientos emocionales hacia la pareja de uno y enamorarse de otro. Pero no podemos ceder a nuestras emociones. Toda la vida está en juego. El seguir nuestras emociones es el camino más seguro a la soledad y a la ruina. Más de la mitad de los que se casan con nuevos amantes finalmente se divorciarán de nuevo.[2]

El retornar a nuestros cónyuges, el resolver nuestros conflictos, el aprender a amar y el redescubrir nuestros sueños sirven a nuestros mejores intereses. La tercera pauta es el que divorcio no nos guiará a la felicidad personal. Esa verdad se ha descubierto por Judith S. Wallerstein, directora del Centro para la familia en transición. Una autoridad reconocida internacionalmente en lo concerniente a los efectos del divorcio, Wallerstein comenzó su investigación con la idea de que el divorcio lleva a un dolor a corto plazo, que lleva a la felicidad a largo plazo. Después de una investigación extensiva con varias familias, concluyó que estaba equivocada. El divorcio no lleva a una felicidad mayor o a un mayor cumplimiento para la pareja o para los hijos. De hecho, los resultados perjudiciales del divorcio persiguen a la pareja y a los hijos para toda la vida. Sus conclusiones se registran en el clásico estudio *Segundas oportunidades: Los hombres, las mujeres y los hijos una década después del divorcio*.[3] Wallerstein da evidencia contemporánea de que las verdades bíblicas son para todas las generaciones.

No estoy sugiriendo que el camino a la reconciliación es fácil, sino más bien que es correcto y que los resultados valen el esfuerzo.

Si está violando la directriz 2 y está enredado en una relación, permítame sugerirle que rompa con la relación con dignidad, respeto y amabilidad con la otra parte. El romper con la relación hace que el divorcio sea menos probable y que la reconciliación sea una posibilidad diferente. ¿Cómo terminar con una relación? Primero, indique a la otra persona su preocupación por él o por ella. Necesita confesar su equivocación al violar su compromiso matrimonial. Exponga firmemente su decisión de resolver la reconciliación con su cónyuge. Es correcto el compartir de nuevo sus sentimientos con él o ella pero ratifique su elección de hacer lo que es correcto más bien que lo que siente que es bueno. Recuerde, el camino más seguro al fracaso en la vida es seguir sus sentimientos. Su mayor felicidad está en el hacer lo que es correcto, no en seguir sus emociones.

¿Qué si es a usted al que se le deja en el hogar? Su cónyuge tiene una relación y ahora está separado de usted. O puede pensar que él o ella tiene una relación y que esa es la razón de la separación. Primero, caiga en la cuenta de que la tercera persona nunca es la única razón de la separación. De hecho, la pauta 4 dice que las parejas casadas originan la dificultad matrimonial, no por alguien fuera del matrimonio. Por lo tanto, cada pareja tiene que trabajar para la reconciliación. Casi siempre algún fallo en el matrimonio se ha desarrollado por un período de tiempo antes de que una relación se desarrolle. Sus fracasos y los de su cónyuge provocaron la desaparición de su matrimonio.

Los conflictos no resueltos, las necesidades no satisfechas y el egoísmo terco corroen una relación durante las semanas y los meses.

¿Cómo responderá a la relación de su cónyuge? Con desagrado, por supuesto. Pero ¿cómo le expresará su desagrado? ¿Con enfadados exabruptos de aborrecimiento y condenación? ¿Con depresiones, retiradas y amenazas de suicidios? ¿Saliendo y teniendo una aventura? Usted se encuentra decepcionado, frustrado y profundamente herido, pero ¿qué le llevará a la reconciliación? Nada de lo mencionado arriba. Sí, necesita expresar sus sentimientos pero no juegue a ser el esclavo de ellos. Dígale a su pareja cuán profundamente se encuentra herido, reconozca sus fracasos pasados y pida la reconciliación.

Quizá su cónyuge no responda de inmediato o puede que la respuesta inicial sea hostil, pero usted ha dado el primer paso. Segundo, rechace que la relación sea el argumento y resista la tentación de hablar de esto cada vez que estén juntos. Concéntrese en restaurarse a sí mismo. Recuerde, su pareja ha causado la dificultad conyugal, no ha sido nadie fuera del matrimonio.

Su cónyuge puede que no termine con la relación inmediatamente pero mientras más pueda hacer para resolver los conflictos y comunicar esperanza, más atractiva se convierte la reconciliación. Cuando se esté azotando con el enojo o esté desmoronándose en autocompasión, no está haciendo que la reconciliación sea muy deseada.

Exprese esperanza y confianza para que los dos puedan encontrar respuestas a sus fracasos. Su esperanza tendrá la disposición a estimular la esperanza en su cónyuge. Obviamente, usted no se puede reconciliar hasta que su cónyuge termine con la relación pero no le fije límites o demande una acción en particular. (Por supuesto, si su separación involucra maltrato físico u otro comportamiento destructivo, necesita estar claro o clara de qué esperar de su cónyuge si hay alguna esperanza de reconciliación. Discutiremos esto en un capítulo más adelante en el capítulo 7.) Déle tiempo para que su cónyuge piense, ore y decida por sí mismo o por sí misma. No puede forzar la reconciliación, solo puede hacer que las posibilidades parezcan brillantes. En el capítulo 5 discutiremos ideas prácticas sobre las cosas que usted pudiera hacer.

Teniendo citas mientras que están separados

"¿Debo tener citas mientras estoy separado?" ¿Cuántas veces he oído esa pregunta? Y ¿cuántas veces he hado una respuesta dura? "¡Si usted no está libre para casarse, no está libre para tener citas!" La quinta pauta para el camino de la reconciliación es. No tenga citas durante el período de la separación.

"¡Si no está libre para casarse, no está libre para tener citas!" Leí por primera vez esta sentencia en el libro de Britton Woods: "El adulto soltero quiere estar en la iglesia también".[4] Woods ha trabajado con personas solteras y separadas más tiempo que cualquiera en su denominación, después de varios años de aconsejar a los separados, estoy más convencido que nunca que Woods está en lo cierto. Cuando comienza a salir con alguien mientras está separado hace que la reconciliación sea más difícil. Mientras más citas tenga más enlodada se convierte el agua.

Sé que usted tiene necesidades; no está solo. Algunas veces el peso parece ser insoportable. Sé que la cita mientras se está separado se acepta y aun se alienta en nuestra sociedad. Pero la mayoría de los que se citan nunca se reconciliarán. Se divorciarán. La cita es el preludio del matrimonio no la terapia para la reconciliación. Ciertamente, usted necesita amigos. Necesita un oído que escuche. Necesita personas a quienes les importe y lleven el peso pero el contexto de la cita no es el mejor lugar para tal ayuda. Más acerca de dónde se puede encontrar esa ayuda se encuentra en el capítulo 4.

Usted se encuentra muy susceptible en esos días de

separación. Desafortunadamente son los del sexo opuesto los que quisieran aprovecharse de su vulnerabilidad. Aunque se encuentren aparentando estar preocupados por usted, se encuentran ocupados satisfaciendo sus propios deseos. He visto a muchos hombres y mujeres devastados por tal experiencia. Sus emociones son erráticas y sería fácil que ceda ante alguien que lo trata con dignidad, respeto y afecto.

¿Se ha dado cuenta del número de personas que se casan el día después que se han divorciado? Obviamente han estado teniendo citas durante la separación. Si el período de la separación es un tiempo para buscar la reconciliación, ¿por qué gastar energías en una actividad que llevan al divorcio y al nuevo matrimonio? La separación no es equivalente al divorcio. Aun estamos casados mientras que estamos separados y de esa manera debemos vivir, aunque nuestro cónyuge no acceda.

Sé que esto es difícil de aceptar pero creo que la tendencia actual de abrirse a las citas inmediatamente después de la separación tiene que frenarse. Tal actividad alienta y contribuye al incremento del índice de divorcio. Si cree en el poder de la decisión humana, entonces tiene que aceptar que su cónyuge distanciado puede volver de su distanciamiento y buscar reconciliación. Debe estar preparado o preparada para si ese día llega. El salir con otro u otra no es la forma de prepararse. Desarrolle amigos pero rechace las relaciones románticas hasta que se determine el destino de su matrimonio.

Arreglos legales

¿Debemos preparar documentos para la separación o eso hace que el divorcio sea más probable? Muchos individuos sienten que si firman algunos papeles legales para la separación, de alguna forma eso significa que el divorcio es inevitable. Ese no es el caso. Muchas parejas se han regocijado en quemar los papeles para la separación en celebración de la reconciliación.

Los papeles para la separación, en los estados en que existen, son sencillamente declaraciones en las que ambos individuos están de acuerdo en que guiarán ciertos aspectos de su relación mientras estén separados. Las dos áreas de más preocupación son las de las finanzas y la de los padres. Las preguntas son: ¿Cómo manejaremos las finanzas mientras estamos separados? Y ¿qué relación tendremos cada uno con los hijos?

La pauta final es muévase lentamente al completar los papeles para la separación legal. Si una pareja se puede mover hacia la reconciliación dentro de las primeras pocas semanas, entonces los papeles son innecesarios. Eso es lo ideal. ¿Por qué ir al gasto de tal trabajo legal si se van a unir y resolver sus problemas? Mientras que estén separados físicamente, sin embargo, necesitan estar de acuerdo en los arreglos financieros y entonces discutir su relación con sus hijos, si son padres. Si no se puede arreglar de mutuo acuerdo, puede indicar que uno o ambos no están intentando la reconciliación.

Si después de varias semanas la pareja no se está moviendo hacia la reconciliación, entonces los papeles para la separación legal pueden estar en orden. Eso es particularmente verdad cuando la pareja ha sido incapaz de alcanzar un arreglo financiero equitativo y cuando se desatienden o se maltratan a los hijos. En tales casos la presión legal puede ser necesaria para forzar al cónyuge a que sea responsable.

Una vez más, los papeles para la separación no necesariamente llevan al divorcio, aunque en algunos estados se requieren antes de que se pueda obtener el divorcio. Los papeles para la separación no determinan el divorcio. Lo que ustedes se hacen y se dicen el uno al otro durante el período de la separación lo determinará. Tales papeles se pueden destruir en cualquier punto cuando los dos se hayan reconciliado para estar juntos de por vida en vez de separados.

La separación no es el momento para que el cónyuge pisotee al otro. Y el amor no le puede dar licencia a un esposo irresponsable. Un individuo que no cumpla con sus responsabilidades necesita que alguien se las diga. Eso puede que haya causado el problema en el matrimonio. No se le puede permitir que continúe durante la separación. La presión legal puede ser de ayuda en este punto. Los papeles legales no significan que no se pueda reconciliar. Si su cónyuge insiste en firmar los papeles legales, se gana poco resistiendo. Usted sencillamente debe estar seguro de los acuerdos que está firmando.

No subestime los asuntos de los que hemos discutido en este capítulo. Si usted va a solucionar la reconciliación es esencial que elija una actitud positiva, rechace fomentar una relación fuera del matrimonio, no le eche la culpa a alguien por su dificultad matrimonial; prívese de salir con alguien y trátense el uno al otro con dignidad y respeto durante el período de reconciliación. Violar esos principios es disminuir la esperanza de la reconciliación.

Las tareas para el crecimiento que concluyen este capítulo le pueden ayudar a entenderse mejor y dar pasos constructivos hacia la reconciliación.

TAREAS PARA EL CRECIMIENTO

1. ¿Cuáles de sus actitudes o acciones se tendrán que cambiar si va a ocuparse de la reconciliación? Haga una lista de cinco oraciones; que cada una comience con "tendré que…"

2. ¿Está deseoso o deseosa de hacer esos cambios? Si es así, ¿por qué no comenzar hoy? Necesita anunciarle a su cónyuge lo que usted está haciendo; sencillamente hágalo si tiene la oportunidad.

TRES

AUTODESARROLLO DURANTE LA SEPARACIÓN

Los matrimonios fallan, notamos en el capítulo 1, por tres razones primarias: (1) Falta de relación íntima con Dios, (2) falta de una relación íntima con su pareja, o (3) falta de un entendimiento íntimo y aceptación de usted. Es el último de ellos que exploraremos en este capítulo. Uno podría pensar que podríamos comenzar con nuestra relación con Dios, pero el hecho es que la relación con Dios se encuentra muy afectada por la comprensión de sí mismo. La separación se debe usar para redescubrir sus propias valoraciones y responsabilidades como persona y dar pasos positivos en el crecimiento personal.

La mayoría de nosotros o nos subvaloramos o nos sobrevaloramos. Nos percibimos como fracasos inútiles para Dios o como el regalo de Dios para el mundo. Ambos extremos son incorrectos. La verdad es que su patrón de sentimiento, pensamiento y comportamiento, el cual es su personalidad, tiene puntos fuertes y débiles.

Sentimientos de inferioridad

La persona que se siente inferior está enfatizando sus puntos débiles. Si nos enfocamos en nuestros fracasos, aparecemos como fracasos. Si prestamos atención a nuestras debilidades, nos concebimos como débiles. La inferioridad por lo general proviene de la infancia en la que los padres han comunicado de forma involuntaria que somos tontos, estúpidos, torpes, feos o no lo bastante buenos.

Un muchacho de trece años que sufría de úlceras estomacales me dijo una vez:

-Dr. Chapman, nunca hago algo bueno.

-Por qué dice eso –le pregunté.

-El caso es -respondió-, que cuando obtengo una calificación buena, mi padre siempre dice: "Debiste haber obtenido una mejor. Hijo, eres más listo que eso". Entonces cuando estoy jugando baseball, si hago un doblete, mi padre me dice: "Debiste hacer un triple. ¿No puedes correr?" Cuando corto el césped dice: "No pasaste por debajo del arbusto". Nunca hago algo bueno.

El padre no tenía idea de que lo que le estaba comunicando a su hijo. Su objetivo era retarlo a hacer lo mejor pero de hecho, le estaba comunicando al hijo que era inferior.

Por lo general, los sentimientos de inferioridad se alimentan por la constante comparación con otros. La persona que se siente inferior siempre se comparará con los que son mejores que él. Por supuesto, todos pueden encontrar a alguien más hermoso o mejor parecido, más atlético, más inteligente. Pero ¿qué hay de los miles que están por debajo en esas áreas? La persona que se siente inferior nunca seleccionará comparase con esos. Recuerdo el reporte de los espías de la manera que se registra en Números 13. Moisés envió doce espías a la tierra de Canaán. El reporte de la mayoría (diez de los doce) regresaron: "vimos... gigantes, y éramos nosotros, a nuestro parecer como langostas; y así parecíamos a ellos" (v. 33). No solamente se vieron a sí mismos como langostas, sino como débiles.

Tres perspectivas entran en cualquier autoconcepto: (1) La forma que me veo, (2) la forma que veo a otros, (3) la forma que pienso que otros me ven. Los números 1 y 3 son idénticos, pero el número 2 es casi siempre diferente. Las personas sencillamente no nos ven como nosotros nos vemos. A la persona con sentimientos de inferioridad se le puede asegurar que el noventa y nueve por ciento de las personas que lo conocen lo perciben como más listo, más atractivo y de un valor mayor de cómo él se ve. ¿Por qué vivir bajo la ilusión de que la gente piensa que usted es tonto, feo e inútil cuando de hecho esa no es la forma en que las personas lo perciben?

"Pero Dr. Chapman", alguien me dice, "usted no entiende. La gente generalmente sí piensa que soy tonto". Entonces la persona enumera todas las cosas que han sucedido desde que tenía tres años que prueban que la gente piensa que él es estúpido. Puedo llamar a mucha gente que puede testificar de la inteligencia del aconsejado pero eso no lo impresiona. Su mente está predispuesta. Él es tonto y nadie lo va a convencer de lo contrario.

No hay dos personas iguales. Por lo tanto, hay muchos que tienen más habilidades que usted y que yo en áreas concretas. En algunas tareas usted los supera. En otras tiene muy poca habilidad, si es que la tiene. Eso es la verdad para todos nosotros. ¿Por qué exaltar sus debilidades?

Recuerdo oír una historia de cuando era un muchacho que me alienta. Parece que un amigo en el pueblo que era optimista tenía la práctica de ir a todos los funerales y levantarse a tiempo para decir una palabra acerca de los difuntos. Un día el borracho del pueblo murió. Su vida había sido repugnante en todo. Había estado involucrado en todo tipo de actividad criminal, le había fallado a su esposa y a sus hijos, tenía un vocabulario despreciable y había sido detestable toda su vida. La comunidad se reunió para ver lo que el optimista diría ahora que el momento había llegado.

En el momento indicado se levantó y dijo: "Silbaba bien".

Después la multitud se acercó al optimista y uno a uno dijo: "Nunca lo oí silbar. ¿Silbaba bien? ¿Silbaba con frecuencia?" El optimista respondió: "Solo le oí silbar una vez, pero lo hizo bien".

¡Es una lástima que el borracho no haya pasado más de su vida silbando! Era lo que sabía hacer bien; no hubiera sido lo mismo. ¿Qué puede usted hacer bien? ¿Por qué no se concentra en sus habilidades más que en sus ineptitudes?

Después de la separación, una persona que tenga un sentimiento de inferioridad típicamente se echará las culpas por el fracaso de su matrimonio. Entonces, le pedirá a su cónyuge una oportunidad para empezar de nuevo. Cuando se le rechaza, él o ella se hunden en una depresión profunda y albergan pensamientos de suicidio. Esas personas permiten que la parte más débil de su personalidad (sus sentimientos de inferioridad) controlen sus conductas.

¿Cuál es la respuesta para esa espiral descendente? Una de las más poderosas palabras en la Biblia es la reprobación del Salmo 15:2, el que nos reta a hablar la verdad en nuestros corazones. Nos tenemos que decir la verdad. Jesús dijo que la verdad nos libera (Jn. 8:31-32)

Aquí hay varias verdades acerca de usted. A usted se le hizo a la imagen de Dios. Usted tiene tremendo valor. Sus habilidades son muchas. Usted tiene muchas características que otros admiran. Ciertamente usted ha experimentado el fracaso. ¿Quién no? Pero eso no significa que usted es un fracaso. Usted será un fracaso si elige fracasar. Por otra parte si usted elige tener éxito, nada, incluyendo sus sentimientos de inferioridad, lo puede alejar de su meta.

Uno de los primeros pasos al cambiar sus pensamientos es darse cuenta de que Dios no ha renunciado a usted. El apóstol Pablo escribió: "estando persuadido de esto, que el que comenzó en vosotros la buena obra, la perfeccionará hasta el día de Jesucristo" (Fil. 1:6). A pesar de todo lo que ha ocurrido, a pesar de todos sus fracasos, Dios aún piensa en traerlo a la perfección. Él tiene algunos propósitos fuertes y positivos para su vida. Usted se tiene que decir la verdad y comportarse en consecuencia.

Sentimientos de superioridad

El otro tipo de personalidad es el individuo que siente que es superior. No puede hacer nada malo. "Si hay un problema en nuestro matrimonio", me dice, "es obviamente por parte de mi pareja". Cuando se le confronta con sus propios fracasos, este tipo de personalidad admitirá de una forma filosófica que él no es perfecto pero insiste que el problema real está con su cónyuge.

Este patrón de pensamiento, sentimiento y de conducta

comienza en la niñez. Este es el niño malcriado. Se le han dado muy pocas responsabilidades. El niño creció sintiendo que el mundo le debe la vida. Se convirtió en exigente de otros. Impaciente con las imperfecciones de otros, con frecuencia deja un rastro de relaciones rotas porque se ha aprovechado de las personas. Es muy dominante y fuerte de voluntad. Cuando encuentra resistencia en su pareja, trata de forzar a su cónyuge a la línea. Cuando el cónyuge no se amolda, una persona que se siente superior puede escoger separarse, culpando a su cónyuge.

¿Qué verdad liberará a la persona con sentimientos de superioridad? Es el reconocimiento que el nivel se encuentra al pie de la cruz de Cristo. Todos estamos en la necesidad del perdón. Cuando a veces nos sentimos superiores necesitamos darnos cuenta de que hemos fallado tanto como otros.

Quizá no ha estado dispuesto a admitir sus fracasos, aunque sí a proclamar fuertemente los fracasos de otros. Usted es importante, sí pero no más que otros, incluyendo a su cónyuge. Usted es inteligente pero la inteligencia es un regalo de Dios por el cual debe estar agradecido. Ha triunfado en alcanzar muchas de sus metas. ¡Grandioso! Ahora aprenda a dar a conocer el secreto de su éxito a otros y experimente el resultado de las palabras de Jesús: "Más bienaventurado es dar que recibir" (Hch. 20:35).

¿Sus sentimientos de superioridad lo han llevado a concluir que usted es superior? Entonces es hora para la confesión y el arrepentimiento. Baje de su pedestal y disfrute de la vida con el resto de sus hermanos y hermanas. No tiene que clamar la perfección para ser importante. La gente no va a pensar menos de usted si admite su debilidad. De hecho, su espíritu de superioridad lo ha alejado de las personas en el pasado.

Después de la separación, la persona típica con sentimientos de superioridad culpará a su esposa (o su esposo) por la ruptura. Aún si el señor o la señora superioridad fue el que abandonó o tuvo una aventura, él o ella siempre le echará la culpa a su cónyuge por llevarlo a tal acción. Si da la casualidad de que el cónyuge tiene sentimientos de inferioridad probablemente aceptará la culpa y sufrirá en consecuencia.

Las personas con sentimientos de superioridad son rápidas en razonar su comportamiento pecaminoso. Saben que la Biblia dice pero pueden darle una docena de razones por las que su caso es permisible.

El primer paso a la recuperación para la personalidad "yo soy superior" es darse cuenta de que usted es humano. Nadie es perfecto. Localice sus fracasos y admítalos ante Dios y ante su esposa.

La personalidad comprensiva

Hemos mirado a un solo aspecto de la personalidad, la que de actitudes inferiores y las de actitudes superiores hacia uno mismo. La personalidad, sin embargo, cubre el espectro completo de la experiencia humana. Cuando uso la palabra personalidad, estoy hablando de su propio patrón de pensamiento, sentimiento y de conducta. No hay dos personalidades iguales, aunque en ciertos aspectos de la personalidad las personas tienden a encajar en categorías generales. La mayoría de los rasgos se expresan con palabras que contrastan. Hablamos de un individuo que es optimista o pesimista, negativo o positivo, crítico o halagador, extrovertido o introvertido, hablador o tranquilo, paciente o impaciente.

Nuestras personalidades influyen mucho en la forma en que vivimos. La tragedia de nuestros días es que se nos ha guiado a creer que nuestras personalidades se nos han situado en el concreto desde la edades de cinco o seis años y que nuestros destinos se determinaron. Muchos se sienten atrapados. Miran al pensamiento, al sentimiento y a los patrones de conducta que les han causado problemas en el pasado y concluyen que nada se puede hacer para cambiar esos patrones. Pero nada puede estar más lejos de la realidad.

Es cierto que como adultos esas tendencias pueden persistir. O sea, ciertos patrones de personalidad nos han influenciado. Nuestras vidas, sin embargo, no se tienen que gobernar por esos patrones. La idea completa de la educación, de la conversión espiritual y el crecimiento cristiano se sitúa en oposición al determinismo, la idea de que nuestra calidad de vida se determina por los patrones establecidos en la niñez. El mensaje de la Biblia es que somos responsables de la vida que vivimos. Nuestra respuesta a Dios, nuestras decisiones conscientes, nuestra elección de actitudes determinarán esa calidad. No tenemos que vernos esclavizados por nuestras personalidades. Tenemos que entender nuestros patrones de personalidad, utilizar nuestras fuerzas para bien y buscar el crecimiento en las áreas de debilidad. Supere sus fuerzas y crezca en su debilidad.

¿Qué conoce de usted? ¿Qué tipo de persona ha sido a través de los años? ¿Su espíritu hacia la vida ha sido positivo o negativo? Una esposa dijo: "Mi esposo es tan negativo que cuando se despierta en la mañana dice: '¡Me quedé dormido!' o '¡Oh, no, me desperté demasiado temprano!'" Para ese esposo, cada día empezaba equivocado. Con esa actitud no hay forma de ganar. Eso puede sonarle tonto mientras lo lee, pero miles de personas eligen vivir con esta actitud. Algo siempre anda mal con todo. ¿Podría ser esa su actitud? Si es así, ¿piensa que contribuirá al rompimiento de su matrimonio? ¿Puede imaginarse el agotamiento emocional en su cónyuge cuando oiga el reporte diario condenatorio de usted?

¿Es crítico o halagador hacia otros? ¿Hacia usted? Mire retrospectivamente a ese día. ¿Se ha dado alguna vez un halago? ¿Ha halagado a alguien? Por otra parte, ¿ha realizado alguna crítica acerca de alguien? ¿Acerca de usted? ¿Ha sido ese el patrón de vida de usted? ¿Cómo ha afectado su matrimonio?

¿Cuáles han sido sus patrones de comunicación? ¿Tiende a reservarse las cosas dentro de sí o les permite que salgan? Una esposa dijo: "Mi esposo no me decía lo que sucedía en su vida. Básicamente él vivía su vida y yo vivía la mía. No me gustaba pero no sabía qué hacer. Un día vino a casa y me dijo que se iba. No lo podía creer. No tenía idea de que estuviera tan mal".

¿Cómo puede surgir tal situación? Uno o ambos cónyuges cedieron a una tendencia natural de mantener todo dentro y lentamente pero de forma segura de poner a su matrimonio a dormir. ¿Se puede curar tal matrimonio? Sí, pero seguramente que requerirá cirugía (la habilidad de un consejero o de un pastor). Una vez que nuestros sentimientos se hayan expresado, podemos buscar soluciones. Nadie, incluyendo su cónyuge, puede solucionarlo hasta que él se dé cuenta del problema.

¿Mantiene sus sentimientos embotellados? Entonces use este tiempo de separación para aprender a dejar salir esos sentimientos. Busque un consejero o un amigo de confianza y pida ayuda. Cuando aprenda a comunicarse de forma constructiva con otro, entonces comuníquese con su cónyuge. La tendencia de mantenerse quieto no es mala del todo. Las Escrituras nos retan a ser "tardos para hablar" (Stg. 1:19). Es cuando esa tendencia se lleva al extremo que hay problemas. Al descubrir sus debilidades básicas de personalidad, probablemente verá cómo ha afectado su matrimonio. Esos patrones se pueden cambiar de forma significativa con la ayuda de Dios.

Aceptar lo que no se puede cambiar

"¿Mudará el etíope su piel, y el leopardo sus manchas?" (Jer. 13:23). Jesús preguntó: "¿Y quién de vosotros podrá, por mucho que se afane, añadir a su estatura un codo? (Mt. 6:27). Estas preguntas tienen respuestas directas: Por supuesto que no. No se pueden cambiar algunas cosas. Su altura, el color de la piel, la textura, la cantidad del pelo y el color de los ojos están fijados al no ser que la ciencia médica haga nuevos descubrimientos.

Quizá los factores incuestionables de más influencia es su historia. Por definición no se puede cambiar. Es pasado. El pasado no se puede revivir. Sus padres, para bien o para mal, muertos o vivos, conocidos o desconocidos son sus padres. Ese hecho no se puede cambiar. Su niñez, placentera o dolorosa es su niñez y es historia.

Su matrimonio o matrimonios están en la misma categoría. Es inútil razonar. "En primer lugar no debimos habernos casado". El hecho no se puede cambiar. Los acontecimientos que han ocurrido en su matrimonio son historia también. No los puede deshacer. No se puede retractar de ninguna palabra, ningún hecho se puede retirar. Podemos pedir perdón por los fracasos pero aun esto no puede quitar todos los efectos de nuestro pecado.

No se puede cambiar nuestra historia sino aceptarla. Cuando Jesús se encontró con la mujer en el pozo, no le pidió que borrara sus cinco matrimonios, porque eso hubiera sido imposible; sencillamente le ofreció agua que saciaría su evidente sed (Jn. 4:5-29).

Perdemos nuestro tiempo y energía cuando reflexionamos lo que pudo haber sido: "si hubiera…" o "si él o ella hubiera…" Sencillamente tenemos que admitir nuestros fracasos a nosotros, a Dios y a nuestros cónyuges. Acepte el perdón de Dios, perdónese y confíe en su que cónyuge hará lo mismo. Más allá de eso no puede tratar con el pasado. Tiene que concentrarse en el futuro, porque está en sus manos para que le dé forma.

¿Por qué no usa algún tiempo mientras está separado para darle un vistazo honesto a su personalidad? Descubra sus patrones básicos de pensamiento, sentimientos y conducta. Entonces decida dónde se encuentran sus fortalezas y utilícelas para expandir sus horizontes. Al mismo tiempo sea realista acerca de sus debilidades. Decida qué necesidades se tienen que cambiar y acéptelas. Esto pudiera ser un tiempo emocionante de recuperación propia y crecimiento para usted. Puede ser una persona diferente en meses.

Descubrir las posibilidades de crecimiento

La separación no es solamente un tiempo para examinar las fortalezas y las debilidades de su personalidad, es además un tiempo para desarrollar sus habilidades creativas. Al no ser que tenga hijos, la separación le da más tiempo libre que cuando se encontraba con su cónyuge. ¿Por qué no usar parte de ese tiempo para desarrollar intereses latentes que ha descuidado? Lea esos libros que ha tratado de leer. Tome lecciones de piano o de guitarra. Matricúlese en la universidad local o en el instituto técnico para prepararse para su vocación o sencillamente para desarrollar nuevos amigos.

Asista a conciertos y dramas. Aprenda a jugar tenis. La mayoría de las comunidades ofrecen cientos de oportunidades para el desarrollo de los intereses y habilidades.

Sé que en el dolor de la separación puede que no sienta deseo de llevar a cabo nada de lo anteriormente mencionado. Quizás ha perdido el interés en medio de su soledad y dolor. El sentarse en su hogar reflexionando en sus problemas, sin embargo, solamente lo guiará a una mayor depresión. Una vez que dé un paso para desarrollar un viejo interés, el sol pudiera deshacer la oscuridad.

Primero, concéntrese en metas pequeñas y asequibles. No mire al resto de su vida como a un gran desconocido. Haga planes para hoy. ¿Qué puede hacer hoy que sea destructivo? Mientras que llena su vida con una actividad significativa, tenga esperanza porque el futuro crecerá.

Mientras se llega a entender, desarróllese, acéptese, realce las posibilidades de reconciliación con su cónyuge.

TAREAS PARA EL CRECIMIENTO

1. Pídale a un pastor o consejero para que tome el análisis para el temperamento *Taylor-Johnson* o

el *Myers-Briggs Personality Inventory*. Cualquiera de los dos le ayudará a identificar los patrones de personalidad.

2. Pudiera matricular en un curso sobre el desarrollo de la personalidad en su iglesia o en la universidad local.

3. Para comenzar a entender mejor su personalidad, escriba en una hoja de papel respuestas a las siguientes preguntas:

   1. ¿Qué me gusta de mí?
   2. ¿Qué emociones siento hoy? Divídalas en dos columnas:

      Sentimientos negativos   Sentimientos positivos

   3. ¿Qué dicen de mí los sentimientos negativos?
   4. ¿Qué dicen de mí los sentimientos positivos?
   5. ¿Cuáles son mis necesidades emotivas hoy?
   6. ¿Cómo puedo satisfacer esas necesidades en una forma cristiana y responsable?
   7. ¿Qué me gustaría que cambiara en mi personalidad (esto es, en mi forma de pensar, sentir y comportar)?
   8. ¿Qué paso daré hoy para efectuar ese cambio?
   9. ¿Qué no me gusta de mí pero que no puedo cambiar?
   10. ¿Aceptaré esa característica y me concentraré en mis valores?

       Sí   No

CUATRO

DESARROLLE SU RELACIÓN CON DIOS

Nuestras relaciones con Dios pueden hacer o romper nuestros matrimonios. Agustín dijo: "El hombre fue hecho por Dios y no puede encontrar el reposo hasta que encuentre a Dios". Si buscamos a una pareja en el matrimonio para que nos dé un sentido de valía y nos traiga felicidad, estamos mirando a la dirección equivocada. Muchos han esperado que un cónyuge provea lo que solo Dios puede dar. La paz mental, la seguridad interna, confianza en el resultado de la vida y un sentido de gozo del vivir no sale del matrimonio, sino de una relación íntima con Dios.

¿Cuál ha sido su relación con Dios durante el tiempo que ha estado separado? Muchos individuos se encuentran enojados con Dios. Enojados porque Dios ha permitido el dolor, la soledad y la frustración que viene con una relación marital rota. Otros se han encontrado volviéndose a Dios en una forma profunda y fresca para buscar la ayuda de Dios.

Lea el Salmo 77:1-15, que sigue. Es una expresión personal de un individuo que estaba atravesando una crisis grande. Notará que primero hay una descripción del dolor al estar distanciado de Dios y de otros. Pero en medio de ese dolor, el salmista se vuelve a Dios y recuerda días más placenteros cuando conocía la bendición de Dios y la relación completa con otros en su vida.

> Con mi voz clamé a Dios,
> A Dios clamé, y él me escuchará.
> Al Señor busqué en el día de mi angustia;
> Alzaba a él mis manos de noche, sin descanso;
> Mi alma rehusaba consuelo.
>
> Me acordaba de Dios, y me conmovía;
> Me quejaba, y desmayaba mi espíritu. *Selah*
> No me dejabas pegar los ojos;
> Estaba yo quebrantado, y no hablaba.
> Consideraba los días desde el principio,
> Los años de los siglos.
> Me acordaba de mis cánticos de noche;
> Meditaba en mi corazón,
> Y mi espíritu inquiría:
> ¿Desechará el Señor para siempre,
> Y no volverá más a sernos propicio?
> ¿Ha cesado para siempre su misericordia?
> ¿Se ha acabado perpetuamente su promesa?
> ¿Ha olvidado Dios el tener misericordia?
> ¿Ha encerrado con ira sus piedades? *Selah*

Dije: Enfermedad mía es esta;
Traeré, pues, a la memoria los años de la diestra
    del Altísimo.
Me acordaré de las obras de JAH;
Sí, haré yo memoria de tus maravillas antiguas.
Meditaré en todas tus obras,
Y hablaré de tus hechos.
Oh Dios, santo es tu camino;
¿Qué dios es grande como nuestro Dios?
Tú eres el Dios que hace maravillas;
Hiciste notorio en los pueblos tu poder.
Con tu brazo redimiste a tu pueblo,
A los hijos de Jacob y de José. *Selah*

El pasaje termina con una descripción muy gráfica del estado presente del rey David: "Con tu brazo redimiste a tu pueblo". El verbo redimir significa "comprar" o "restaurar". Ese es siempre el deseo de Dios para su pueblo. El proceso, sin embargo, puede ser doloroso. David escribió: "En el mar fue tu camino, y tus sendas en las muchas aguas; y tus pisadas no fueron conocidas" (v. 19). Como un adulto separado de su cónyuge, puede que se sienta que realmente está caminando a través del mar en medio de las poderosas aguas y que no puede ver las huellas de los pies de Dios. Pero yo le aseguro, Dios se preocupa de usted y de su estado actual. Las palabras de Jesús: "Venid a mí todos los que estáis trabajados y cargados, y yo os haré descansar" (Mt. 11:28). Se dirigen a usted tanto como a los que Jesús habló. Sí, está cansado de tanto estrés. Usted está cargado, cargado quizá con la culpa, el enojo, la hostilidad y la ansiedad. Notará que Jesús no le pide que eche a un lado su peso y venga a Él, más bien que usted venga. Él ha prometido darle descanso. Él no le ha pedido que maneje sus propios problemas ni ha prometido quitarle los problemas, sino Él le ha prometido darle descanso.

Dios no es su amigo, sino es su padre. Las Escrituras enseñan que Él es el Padre de todos los que vienen a Él a través de Jesucristo su Hijo. Él no es el Padre de todos, solo de todos los que reconocen a Jesucristo como Señor. Pero Él es el amigo de todos. Es el deseo de Dios compartir la vida con nosotros, ayudarnos a encontrar significado y propósito en la vida, darnos respuestas a los problemas que encontramos. En medio de nuestro dolor a veces es difícil creer que Dios pudiera hacer algo por nosotros. ¿Pudiera sugerirle pasos que le ayudarán en el crecimiento espiritual durante estos días de separación?

Maneje el fracaso

Puede que sea verdad al analizar su matrimonio que discierna su propio rol en ese fracaso. Por otra parte, puede ser que usted vea más claramente los fracasos de su cónyuge y que haya pasado horas causándolo o acusándolo(a) de sus fracasos. Si las palabras de Jesús en Mateo 7 se aplicaran a su matrimonio, se leerían: "¿Y por qué miras la paja que está en el ojo de tu hermano, y no echas de ver la viga que está en tu propio ojo? ¿O cómo dirás a tu hermano: Déjame sacar la paja de tu ojo, y he aquí la viga en el ojo tuyo? ¡Hipócrita! saca primero la viga de tu propio ojo, y entonces verás bien para sacar la paja del ojo de tu hermano" (Mt. 7:3-5).

Nuestra tendencia natural es buscar la culpa en nuestras

parejas y razonar en nuestro corazón que si nuestras parejas cambiaran nuestros matrimonios se restaurarán. Jesús dijo, sin embargo, que debemos comenzar con nuestros propios pecados. Si ese pecado es grande o pequeño, es el único pecado que podemos confesar. Si confesamos nuestros propios fracasos estaremos mejores equipados para ayudar a nuestros cónyuges con sus fracasos. Cuando les fallamos a nuestras parejas en el matrimonio le fallamos a Dios también porque Jesús nos amonesta a amarnos los unos a los otros (Jn. 13:34). La única forma verdadera de expresar nuestro amor por Dios es expresando amor los unos por los otros. Cuando fallamos en amarnos los unos por los otros hemos fallado en nuestro amor por Dios. Por tanto debemos confesar los fracasos del matrimonio a Dios.

Quizás el versículo más poderoso en la Biblia sobre la salud mental está en Hechos 24:16, donde Pablo dice acerca de sí mismo: "Y por esto procuro (me disciplino) tener siempre una conciencia sin ofensa ante Dios y ante los hombres".

El proceso de tener una conciencia limpia es la confesión. La palabra confesión literalmente significa "estar de acuerdo con". Por tanto estamos de acuerdo con Dios en nuestros fracasos. No nos excusamos más a nosotros ni a nuestro comportamiento, sino que estamos reconociendo ante Dios que hemos pecado. Las Escrituras enseñan a los creyentes que cuando confesamos nuestros pecados Dios "es fiel y justo para perdonar nuestros pecados, y limpiarnos de toda maldad" (1 Jn. 1:9). En el momento que estamos deseosos de reconocer nuestro fracaso, Dios está deseoso de perdonar nuestros pecados. Pero mientras excusemos nuestros pecados, Dios no oirá nuestras oraciones (Sal. 66:18).

El primer paso, entonces, en desarrollar su relación con Dios es confesar todo pecado conocido. Sugiero que tome lápiz y papel y le diga a Dios, Señor, ¿dónde he fallado en mi matrimonio? Mientras que Dios le trae a su mente la verdad, escriba y haga una lista de sus fracasos. Entonces repase la lista confesando cada pecado, dando gracias a Dios porque Jesucristo pagó la pena por su pecado y aceptando su perdón por ese pecado. La experiencia del perdón nos libera de la culpa que nos tiene cargados. Sin la confesión no puede haber perdón. Sin el perdón estamos en la esclavitud de la culpa.

La confesión no significa que vamos a perder todos los sentimientos de remordimiento por nuestro pecado inmediatamente. El perdón es la promesa de Dios que no va a retener más nuestros pecados contra nosotros. Puede que aún nos sintamos horribles cuando reflexionamos en lo que hemos hecho o hemos fallado en hacer, pero nuestros sentimientos de culpa no tienen nada que ver con el perdón de Dios. No podemos permitir que esos pensamientos nos derroten. Cuando sentimientos de culpa regresen después de la confesión, sencillamente digamos: "Gracias, Padre, que esos pecados son perdonados y que tú no me los mantienes en contra mía. Ayúdame a perdonarme". Perdonarse es también una promesa. Usted se promete que no va a continuar castigándose por los fracasos pasados. Tales castigos no producen algo positivo, sino que le impiden hacer lo mejor de su futuro.

Cuando confesamos nuestro pecado a Dios, es como si hubiéramos venido a casa de un largo viaje y nuestro padre nos da la bienvenida con sus brazos extendidos, perdona nuestros pecados, "mata el becerro engrosado" y hace una fiesta para celebrar nuestro regreso (Lc. 15:21-24). Tal regreso a Dios puede ser la cosa más significativa que suceda mientras estamos separados, porque ahora usted está regresando a la persona que lo hizo y conoce cómo guiarlo en una vida productiva.

Aprenda a comunicarse

Su relación con Dios crecerá solo si aprende a comunicarse con Él. Recuerde, la comunicación es un proceso dual. No solo hablamos con Dios, sino que Dios nos habla a nosotros. Muchas personas están familiarizadas con la oración, por medio de la cual hablamos con Dios pero pocas personas oyen la voz de Dios. No estoy sugiriendo que Dios nos habla con una voz perceptible. Pero a través de la Biblia Dios habla en una forma muy personal a los que tienen tiempo de escuchar.

Algunos piensan acerca de la lectura de la Biblia y de la oración como simples actividades religiosas pero se supone que sean avenidas para una relación íntima entre un individuo y Dios. Al leer la Biblia, Dios nos hablará de Él y de nuestra vida. La Biblia es más relevante que cualquier libro con respecto a cualquiera de las relaciones humanas, porque es ciertamente el Dios de la creación hablando a sus criaturas. He aquí algunas ideas prácticas sobre la comunicación con Dios: Ya que la Biblia es la Palabra de Dios, uno debe leerla con un oído atento, con un oído abierto para oír su voz. Cuando leemos otros libros, somos cuidadosos al subrayar las ideas importantes en cada capítulo. ¿Por qué no hacemos lo mismo con la Biblia? Al leer la Biblia, ciertas frases, oraciones e ideas se destacarán en cada capítulo. Es posible que esas sean las ideas que Dios quiere comunicarle. ¿Por qué no subrayar, circular o poner una estrella alrededor de ellas para atraer la atención de esas ideas?

Por muchos años he seguido la práctica diaria de sentarme con Dios, abriendo la Biblia y comenzando la conversación con estas palabras: "Padre, este es tu día en mi vida. Quiero escuchar tu voz. Necesito tus instrucciones. Necesito saber lo que tú me dirás hoy. Mientras leo este capítulo tráeme a la mente las cosas que tú quieres que yo oiga". Entonces leo el capítulo en silencio o en voz alta con un bolígrafo en la mano, marcando las cosas que sobresalen mientras que leo. A veces leo el capítulo una segunda vez, diciendo: "Señor, no estoy seguro que entiendo lo que estás diciendo; quiero leer de nuevo. Quiero que tú aclares lo que tienes en la mente para mí". Entonces subrayo líneas o frases adicionales.

Habiendo completado el capítulo, entonces regreso y hablo con Dios acerca de lo que he subrayado, porque si eso es lo que Dios me está diciendo quiero responderle a Dios. Muchas personas leen la Biblia, la cierran y entonces comienzan a orar acerca de algo que no está relacionado con lo que con lo que han leído. Nada puede ser más descortés. No trataríamos a un amigo de esa forma. Si un amigo hace una pregunta le damos una respuesta; así que si Dios nos habla a través de la Biblia, debemos responder a lo que Dios está diciendo.

Por ejemplo, digamos que estoy leyendo a Filipenses capítulo 4 y lo que me impresiona es la oración que está en el versículo 4: "Regocijaos en el Señor siempre. Otra vez digo: ¡Regocijaos!" Así que subrayo la oración y circulo la palabra siempre. Entonces regreso a Dios y digo: "Señor, ¿cómo puede ser esto? Parece completamente imposible que me pueda regocijar siempre. A veces sí pero ¿siempre?" Lo ve, estoy respondiendo lo que Dios me ha dicho con una pregunta. Leo la oración de nuevo: "Regocijaos en el Señor siempre. Otra vez digo: ¡Regocijaos!" y veo esas pequeñas palabras en el Señor y Dios me ha respondido mi pregunta. Lo que me está diciendo es que debo regocijarme en el Señor siempre, no en las circunstancias, porque no puedo regocijarme en las circunstancias adversas. Pero me puedo regocijar en el Señor en medio de esas circunstancias. Debido a mi relación con Él, puedo, ciertamente, regocijarme en medio de mi problema vigente. ¡Que aliento para uno que está en aguas profundas!

Todos los días Dios desea hablarnos de una forma muy personal en su Palabra y desea que nosotros le respondamos. Permítame alentarlo a que comience hoy a leer un capítulo de la Biblia cada día, subrayando y marcando, entonces hablando con Dios acerca de lo que ha marcado. Permítame sugerirle que comience con un libro. (Santiago es un buen lugar para comenzar.) Complete ese libro antes de comenzar con otro. Dejará un rastro a través de la Biblia donde ha caminado con Dios y puede referirse a las cosas que Dios le ha dicho día tras día y semana tras semana. Encontrará que su relación con Dios ha mejorado porque nada edifica las relaciones como las comunicaciones abiertas.

Elija obedecer

Mientras lee las Escrituras, encontrará en ocasiones claros mandamientos de Dios como: "Antes sed benignos unos con otros, misericordiosos, perdonándoos unos a otros, como Dios también os perdonó a vosotros en Cristo" (Ef. 4:32). Tales mandamientos se nos han dado para nuestro bien. Dios, que nos hizo, sabe precisamente lo que nos hará felices y fructíferos en la vida. Todos sus mandamientos se dan con un propósito, así que tenemos que escoger en nuestro propio corazón el obedecer todo mandamiento que oímos de Dios. Por tanto, si oímos: "Sed amables los unos con los otros" debemos buscar a alguien con quien debemos ser amables ese día. Alguien con quien podemos ser tiernos de corazón, alguien a quien necesitamos perdonar. Nuestro ejemplo es Cristo, quien nos perdonó. Recordará que en la cruz Jesús miró a los que lo estaban crucificando y dijo: "Padre, perdónalos porque no saben lo que hacen" (Lc. 23:34). ¿No es esa la actitud que debemos tener hacia los que nos hacen mal? Hay literalmente cientos de mandamientos en las Escrituras que mejoran grandemente nuestra vida al responder en obediencia.

No se nos deja para que dependamos en nuestro poder cuando tenemos que obedecer, porque si somos cristianos tenemos dentro de nosotros al Espíritu Santo, quien nos da el poder para obedecer los mandamientos de Dios. Así que si encuentra difícil perdonar a otros que han pecado en contra de usted, hay ayuda. Sencillamente, no trate de perdonar con sus propias fuerzas, sino pídale al Espíritu de Dios que lo capacite para perdonar. El perdón es básicamente una promesa. Es una promesa que no mantendremos más los fracasos de una persona en su contra. No significa que no estemos conscientes de esos fracasaos, sino que no los vamos a tratar como fracasos. No significa, que, en el más estricto sentido, vamos a olvidar los pecados, en la medida en que nos preocupamos porque estamos conscientes de que se han cometido. Pero somos capaces, con la ayuda de Dios, de no mantener el pecado de otros en su contra.

¿Puede prever lo que podría suceder en su vida si comenzara a leer las Escrituras diariamente, escuchando la voz de Dios y respondiendo a sus mandamientos en el poder del Espíritu Santo? Es posible que en unos pocos meses a penas pueda reconocerse.

Cante al Señor

La música es la expresión universal del sentimiento humano. Si escucha las canciones de las culturas alrededor del mundo, encontrará temas de gozo, emociones y de placer pero encontrará, además temas de pesar, dolor y herida. Eso es cierto tanto en lo secular como en lo religioso. El canto es un vehículo de comunicación. Puede levantar el corazón o deprimir el espíritu. Las letras de nuestras canciones determinan si nos guiarán a la depresión o nos guiarán a la victoria. A través de los salmos se nos reta a cantar una de alabanza al Señor. En medio del dolor nos podemos preguntar: "¿Para qué puedo alabar al Señor?" Al reflexionar en esta verdad, sin embargo, encontraremos muchas cosas por las que podemos alabar a Dios.

En el Salmo mencionado arriba, David alabó al Señor por sus beneficios pasados. Al comenzar a alabar a Dios por lo que ha hecho en el pasado, venimos a agradecer a Dios porque Él nos será fiel en el futuro. Pablo le escribió a los efesios que debían ser llenos o controlados por el Espíritu Santo y entonces debían hablarse los unos con los otros con "salmos, con himnos y cánticos espirituales, cantando y alabando al Señor en vuestros corazones" (Ef. 5:19). Nuestras canciones de gozo y de triunfo tienen que crecer de nuestra relación con Dios.

Al ser controlados por el Espíritu de Dios, podemos cantar de nuestros problemas pero el corazón de nuestra música será alabanza a Dios por quién Él es y por lo que está haciendo en nuestras vidas.

Nuestras circunstancias presentes no obstaculizan nuestras relaciones con Dios; más bien, nuestras circunstancias nos empujan hacia Dios. Puede que usted no se incline a cantar. Puede que nunca haya cantado en su vida pero como cristiano puede cantar aunque sea en privado. De hecho, Pablo dice que debemos cantarnos a nosotros mismos. Eso puede ser en la ducha o quizás en la cama. Permítame sugerirle que si no es una práctica normal en su vida, sencillamente tome uno de los salmos (recuerde, el libro de los Salmos formó el himnario de los judíos), haga su propia melodía y cante el salmo a Dios. La melodía, el tono el ritmo no son importantes. Lo que es importante es que está expresando alabanza a Dios a través de la letra de otros que han caminado a través de las dificultades. Pudiera comenzar con el Salmo 77, el cual se imprimió arriba.

Encuentre otros cristianos

Es posible que no se encuentre involucrado en la actualidad en comunión con una iglesia local. Durante la separación es particularmente importante que encuentre otros cristianos con los cuales pueda tener comunión. Es cierto que se puede criticar a la iglesia justamente. Cuán frecuente oímos a individuos decir: "No quiero asistir a esa iglesia porque está llena de hipócritas". Eso es probablemente cierto. Hipócritas y pecadores asisten a la mayoría de las iglesias regularmente pero sin los hipócritas y los pecadores, ¿quiénes quedarán para asistir? Porque todos hemos pecados y a veces somos hipócritas. Asistir a la iglesia no significa que somos perfectos. Significa que estamos buscando crecimiento.

En la mayoría de las iglesias cristianas es posible encontrar personas amigables que le darán la bienvenida y que buscarán ayudarle. No fuimos hechos para vivir solos. Fue Dios quien dijo al principio: "No es bueno que el hombre esté solo" (Gn. 2:18). El salmista dijo además: "Dios hace habitar en familia a los desamparados" (Sal. 68:6). Durante esos días cuando está separado de su cónyuge, necesita desesperadamente la comunión de la familia más grande de Dios.

Cuando muchas personas piensan en la iglesia, solo piensan en asistir al culto de adoración los domingos por la mañana. Eso está bien pero es solo parte de cualquier iglesia que se considere digna del nombre. La iglesia es "los llamados de afuera", los que han respondido a Jesucristo como Señor y que están unidos para aprender y para darse aliento cada uno. Los grupos pequeños para estudiar la Biblia y para orar son vitales para la comunión en una iglesia. Esté seguro de que simplemente no deguste el sermón del culto del domingo. Involúcrese en los estudios del grupo pequeño donde puede encontrar respuestas a las preguntas que surjan. Muchas iglesias ofrecen clases designadas para ayudar a los separados. La mayoría de los pastores, además están deseosos de dar consejo personal.

Si no ha estado asistiendo a una iglesia regularmente, comience este domingo. Encuentre un grupo de cristianos con los que pueda identificarse y con los que pueda compartir; que puedan darle aliento y el apoyo que necesita.

No debe ir a la iglesia con la idea de recibir solamente, sino que debe ir con la idea de dar de sus habilidades a otros. Puede preguntar: "¿Qué le puedo ofrecer a otro? No puedo manejar mis propios problemas". El hecho es que probablemente encuentre a otros en la iglesia que tienen problemas similares a los suyos y quizá pueda decirles a ellos algo que está descubriendo en su relación con Dios. Asistir a una iglesia no es una calle de una sola dirección. Se nos dice en Hebreos 10 que cada uno debemos exhortarnos, consolarnos y alentarnos y eso es probable que se lleve a cabo en cualquier iglesia cristiana auténtica.

Anteriormente mencioné las palabras de Jesús: "Venid a mí todos los que estáis trabajados y cargados, y yo os haré descansar". Jesús continuó diciendo: "Llevad mi yugo sobre vosotros, y aprended de mí, que soy manso y humilde de corazón; y hallaréis descanso para vuestras almas porque mi yugo es fácil, y ligera mi carga" (Mt. 11:29-30). Jesús sí nos llama a dejar nuestras cargas para encontrar reposo. Él nos llama a tomar su yugo sobre nosotros. El yugo habla de trabajo. No se nos reta a la inactividad, no a un simple descanso, sino que se nos reta a tomar el yugo de Jesucristo y de mezclar nuestra vida con las de otros cristianos en hacer lo bueno para Dios en el mundo.

Jesús dice: "mi yugo es fácil, y ligera mi carga". ¿Comparado con qué? comparado con el yugo y la carga que cargamos cuando elegimos caminar a nuestra manera. Al caminar a nuestra manera, sin darle ningún pensamiento a Dios o a su Palabra, encontramos que nuestro yugo es pesado y nuestra carga se convierte en más pesada mientras los días se suceden. Pero mientras caminamos con Cristo encontramos que su yugo es fácil al compararse con el yugo que cargábamos antes. Y su carga siempre tiene un propósito. Sí, hay una obra que realizar pero la obra tiene propósito.

He conocido a muchos individuos separados que han pasado horas de dedicado servicio ayudando en la oficina de la iglesia o en el personal de limpieza o alcanzando a otros que están enfermos o en problemas. Su propio problema no lo hace ineficaz con otros. Ciertamente, lo puede preparar para ayudar a otros. El camino a la felicidad no se encuentra en la soledad, concentrándose en los problemas de uno; el camino a la felicidad se encuentra compartiendo la vida con Dios y aprendiendo a servirle.

TAREAS PARA EL CRECIMIENTO

Si aún no lo ha hecho, pídale a Dios que le traiga a su mente las áreas en las cuales ha fracasado en su matrimonio.

1. Haga una lista de sus fracasos y confiese cada uno a Dios. Agradézcale que Cristo haya pagado el castigo por esos pecados y acepte su perdón.
2. Comience la práctica de la lectura, marcando y hablando con Dios cada día. Puede comenzar con la carta de Santiago en el Nuevo Testamento.
3. Trate de cantar un salmo a Dios. Haga su propia melodía y su ritmo. Puede comenzar con el Salmo 1.
4. Si no está activo en una iglesia local, decida hoy cuál iglesia visitará el próximo domingo. Esté seguro de asistir a una clase de estudio bíblico así como a un culto de adoración.
5. No se dé por vencido en cuanto a la búsqueda hasta que encuentre un grupo de cristianos amistosos y cariñosos con los cuales pueda compartir la vida.

Cinco

DESARROLLE SU RELACIÓN CON SU PAREJA

"¿Cómo puedo desarrollar una relación cuando estoy viviendo separado?" Es una pregunta válida. Carlos y Marta han estado separados por tres meses. El único contacto que han tenido es cuando se encontraron brevemente con un abogado para discutir los términos de la separación. Es obvio que ni él ni ella han tenido mucha oportunidad de desarrollar una relación con el otro. ¿Hay oportunidad para su matrimonio?

No hasta que alguien busque penetrar el silencio. Mientras que cada uno rechace tercamente hablar con el otro, la reconciliación yace como un avión naufragado en el desierto, sin esperanza más allá de la reparación.

Solo se necesita que uno de los dos rompa el silencio. Se necesita que ambos se comuniquen, pero solo uno para iniciar el proceso.

¿Se ha mantenido a distancia, rechazando darse por vencido y llamar, esperando que su cónyuge haga el primer movimiento? La responsabilidad de buscar la reconciliación es suya (Mt. 5:23-24; 18:15-17). Es posible que no pueda efectuar la reconciliación pero debe buscarla.

A veces el arreglo del problema nos aleja de dar el primer paso. Razonamos: "Me ha fallado. ¿Por qué debo ser yo el que debe extender la mano? ¡Que él venga a mí y pida perdón!" Esa manera de razonar es perfectamente normal, personal pero no es bíblica. Jesús dijo: "Por tanto, si traes tu ofrenda al altar, y allí te acuerdas de que tu hermano tiene algo contra ti, deja allí tu ofrenda delante del altar, y anda, reconcíliate primero con tu hermano, y entonces ven y presenta tu ofrenda" (Mt. 5:23-24).

Más adelante Jesús dijo: "Por tanto, si tu hermano peca contra ti, ve y repréndele estando tú y él solos; si te oyere, has ganado a tu hermano. Mas si no te oyere, toma aún contigo a uno o dos, para que en boca de dos o tres testigos conste toda palabra. Si no los oyere a ellos, dilo a la iglesia; y si no oyere a la iglesia, tenle por gentil y publicano" (Mt. 18:15-17).

Si esos principios se aplican a la iglesia en general, seguramente se aplican a la pareja cristiana que está separada. Esos pasajes enseñan que si usted ha pecado en contra de su cónyuge o su cónyuge ha pecado en contra suya (ambos pueden ocurrir) la responsabilidad de buscar la reconciliación descansa en usted. Con su propio pecado, tiene que admitir que está equivocado y pedir perdón. Por el pecado de su cónyuge, tiene que estar deseoso de perdonar si él o ella están deseosos de confesarlo y de arrepentirse.

El arte de la confesión

En toda mi consejería nunca he visto una pareja en la que ambos no fueran culpables hasta cierto punto. Uno pudo haber cometido el hecho abierto del adulterio o ha vivido un estilo de vida egocéntrico con poca preocupación por las necesidades de su cónyuge pero el cónyuge ha tenido también fracasos. No es fácil identificar los fracasos de nuestras parejas pero más difícil es admitir los nuestros. Siempre les he dado a los individuos una hoja de papel y les he pedido que hagan una lista de las faltas de su cónyuge. Por diez minutos han escrito profusamente. Algunos me han pedido más papel. Las listas son magníficas y detalladas.

Cuando les pido que hagan una lista de sus faltas, inmediatamente mencionan una gran falta. Sigue un largo período de silencio mientras tratan de pensar en la número dos. Algunos nunca la encuentran y rara vez alguien ha regresado con más de cuatro faltas personales. ¿Qué le dice eso? ¿Que el cónyuge es realmente el problema? Difícil, porque todos los cónyuges tienen una gran lista de de las faltas del otro. Nos dice que nos inclinamos a vernos a través de cristales color rosa. Nuestras faltas no nos parecen grandes porque estamos acostumbradas a ellas. Hemos vivido con ellas por años. Naturalmente, entonces, le atribuimos el problema real al comportamiento de la pareja.

En el capítulo 4 notamos las palabras de Jesús: "¿Y por qué miras la paja que está en el ojo de tu hermano, y no echas de ver la viga que está en tu propio ojo? ¿O cómo dirás a tu hermano: Déjame sacar la paja de tu ojo, y he aquí la viga en el ojo tuyo? ¡Hipócrita! saca primero la viga de tu propio ojo, y entonces verás bien para sacar la paja del ojo de tu hermano" (Mt. 7:3-5). Note que Jesús no dijo que su cónyuge era perfecto. Él simplemente dijo que el lugar para comenzar a mejorar las relaciones es: "La viga de tu propio ojo". Cuando ha identificado y confesado sus propios errores puede ver con más claridad cómo ayudar a su cónyuge con sus faltas.

Los fracasos vienen de dos áreas principales. Primero fallamos al no satisfacer las necesidades de nuestras parejas y segundo fallamos haciendo y diciendo cosas que realmente están diseñadas para herirlos. Fallamos al hacer lo que debemos hacer por ellos y terminamos haciendo lo que no debemos hacer hacia ellos. Ciertamente que no es nuestro deseo fallar. Tenemos sueños de hacer que nuestra pareja sea feliz de una forma suprema pero cuando no se satisficieron nuestras necesidades nos volvemos fríos y más tarde hostiles. Pablo describe nuestro problema en Romanos 7 donde habla acerca de su propia experiencia: "Porque lo que hago, no lo entiendo; pues no hago lo que quiero, sino lo que aborrezco, eso hago" (v. 15). Continúa describiendo las razones de tal comportamiento. Permitimos que nuestra vieja, pecaminosa, egoísta naturaleza controle nuestro comportamiento. Nuestra sola esperanza para el cambio, dice Pablo, es permitir que Jesucristo controle nuestras vidas. Solo Él nos puede dar el poder para hacer realmente lo que sabemos es correcto.

El primer paso hacia la restauración es la confesión a su pareja. Una advertencia: No se culpe del fracaso de su matrimonio. No es totalmente culpa suya pero usted no es perfecto. Ha fallado y Jesús dijo que el lugar para comenzar es confesando su fracaso y pidiendo perdón. Le sugeriría que le pidiera a Dios que le ayude a hacer la lista de sus fracasos. Escríbalos. Sea lo más específico que pueda. Habiéndole pedido a Dios el perdón, pídale que le dé valor para mostrarle la lista a su cónyuge.

Admitir sus errores y pedir perdón no garantizará la restauración de su matrimonio pero le dará una conciencia clara (Hch. 24:16). Nunca estará libre de la culpa hasta que admita su parte en el fracaso marital. Su cónyuge puede o no perdonarle. Él o ella puede estar abierto(a) a la reconciliación. Cuando haya pedido el perdón, sin embargo, usted ha hecho todo lo que puede hacer para corregir el pasado. No se puede borrar. Solo se puede confesar.

Ahora, ¿qué de esos pecados de su cónyuge? Puede que no haya una genuina reconciliación al no ser que él o ella esté deseoso(a) de confesar sus pecados y de olvidarse de sus fracasos pasados. Eso, sin embargo, es algo que un cónyuge no puede hacer por el otro. Su cónyuge tiene que seleccionar abandonar su pecado y regresar a usted. Si selecciona la confesión y el arrepentimiento, usted tiene que estar listo(a) para perdonar y recibir. Su cónyuge no puede deshacer el pasado más de lo que usted puede. Puede volverse y alejarse de ese pecado y buscar la reconciliación. Sin embargo, puede que no haga eso el mismo día en que usted haga la confesión. Tiene que estar dispuesto a esperar, orar y amar, aun si están alejados.

El poder de la oración

Su oración no debe ser: "Señor si es tu voluntad, devuélvemelo(a)". Ya sabemos que la voluntad de Dios es que los matrimonios se restauren, aunque Dios respeta la libertad humana. ¿Por qué razón debo orar, entonces? Jesús dijo acerca del Espíritu Santo: "Y cuando él venga, convencerá al mundo de pecado, de justicia y de juicio" (Jn. 16:8). Yo creo que debe orar por la obra específica del Espíritu Santo en la vida de su cónyuge. Debe orar para que Dios le lleve a un profundo sentido de culpabilidad por su pecado; eso impartirá una genuina conciencia de lo que significa ser justo y un entendimiento para la realidad del juicio venidero sobre los que no se arrepienten. Tal oración está en concordancia con lo que sabemos que es la obra del Espíritu Santo. Dios responderá esa oración.

¿Cómo responderá su cónyuge? Su cónyuge escogerá responder a la obra del Espíritu Santo y se volverá del pecado. Por otra parte, él o ella puede rechazar toda la presión de Dios y caminar en su propio camino. Debe darle a su pareja la misma libertad que Dios otorga.

Algunas personas le echan la culpa a Dios por permitir que sus matrimonios se rompan. No sienta que Dios no ha respondido su oración si su cónyuge rechaza regresar. Los individuos eligen casarse, eligen los patrones para cada uno y eligen separarse o resolver los problemas. Si Dios no le permitió tal libertad, tendría que reducir al hombre a algo inferior. Tendría que quitar la huella de la imagen de Dios.

No se dé por vencido. Toma tiempo para que los individuos respondan a la dirección de Dios. Continúe orando por su cónyuge hasta que la voluntad de Dios se perfeccione en su vida.

Aprender a amar

Habiendo confesado sus fracasos pasados, pedido el perdón y buscado la reconciliación, ¿qué hace mientras espera? ¡Trate de amar! Amar a su cónyuge mientras están distanciados no es la tarea más fácil del mundo pero puede ser la más productiva. Muchos eludirán la declaración ¡trate de amar! Nuestra sociedad ha definido el amor como algo que le sucede a usted, no algo sobre lo cual usted tiene el control. Por ejemplo, muchos dirán con sinceridad: "Simplemente, yo no lo(a) amo más. Desearía poder pero ha sucedido demasiado". La tesis de esa declaración es que el amor es una emoción, un sentimiento cariñoso, efervescente, positivo, que uno tiene hacia el sexo opuesto. O lo tiene o no lo tiene. Si no lo tiene, no hay nada que pueda hacer. Sencillamente váyase y espere a encontrarlo con otra persona, algún día en otra parte.

Ese concepto de amor ha sido una de las más grandes contribuciones al divorcio en nuestra generación. Hace que el matrimonio esté sin esperanza y el divorcio inevitable, si no tiene cierta emoción. Ya que no tenemos otra elección con respecto a nuestras emociones, somos peones de cualquier causa o emoción. Por lo tanto, el hombre ya no es responsable por sus acciones. El comportamiento se explica en términos de: "Ser auténticos a nuestras emociones". Nada es bueno o malo. El hombre sencillamente hace lo que desea hacer. Tal filosofía esclaviza al hombre a una causa desconocida detrás de sus emociones.

El concepto bíblico del amor es que es algo que escogemos. No es una emoción sino una actitud, una forma de pensar. El amor es la actitud que dice: "Pondré tus mejores intereses como prioridades en mi vida". El amor, entonces, se acompañará por el comportamiento apropiado. La actitud y la acción van unidas. Si seleccionamos pensar de cierta manera, entonces nos comportaremos de la manera correspondiente. La Biblia manda a los esposos a amar a sus esposas (Ef. 5:25). Se le instruye a las mujeres mayores a enseñar a las esposas jóvenes a amar a sus esposos (Tit. 2:3-4). Cualquier cosa que se mande y cualquier cosa que se enseñe y se aprenda no está más allá de nuestro control.

El amor es una elección. Usted puede amar a su esposo a pesar de sus sentimientos. Puede que se sienta decepcionado, lastimado, rechazado, solitario, enojado, frustrado, hostil y un número de emociones negativas y sin embargo elegir amar a su cónyuge. No somos esclavos de nuestras emociones. Esa es una de las verdades más liberadoras que se encuentran en la Biblia. Es normal que sienta las emociones negativas a la luz de la forma en que su cónyuge lo ha tratado. No es cristiano, sin embargo, permitir que esas emociones dominen sus pensamientos y su comportamiento.

Nuestro mejor ejemplo es Jesús, quien amó a los que lo crucificaron. Oró por ellos en la cruz: "Padre perdónalos porque no saben lo que hacen" (Lc. 23:34). Pero Él no es nuestro único ejemplo. Podría darles a conocer de mis expedientes la gran cantidad de parejas que han seleccionado el camino del amor a pesar de los sentimientos negativos. No estoy sugiriendo que los sentimientos negativos se deben reprimir o negar. Esos sentimientos los debe reconocer usted mismo, Dios y su pareja. Reconocemos nuestros sentimientos pero no los servimos. Un hombre le dijo a su esposa, que le había sido infiel sexualmente: "Estoy tan enojado, herido, desilusionado y aplastado. Un minuto me siento con deseo de cometer suicidio y el próximo con deseo de darte una bofetada pero con la ayuda de Dios sé que hay un mejor camino. Sé que te he fracasado de muchas maneras. Anoche hice una lista de mis fracasos. Quiero leértela y pedirte perdón. Si lo deseas, me gustaría trabajar para encontrar respuestas a nuestros problemas". El hombre no negó sus sentimientos sino que hizo una elección consciente de un mejor camino.

Hemos dicho que el amor es la actitud que exalta los intereses de la otra persona. El amor dice: "Quiero hacer todo lo que esté en mi poder para ayudar a mi pareja a crecer como persona. Quiero ayudarlo a que alcance todas sus potencialidades para Dios y para el resto del mundo".

Las características del amor se encuentran en 1 Corintios 13: "El amor es paciente, es bondadoso. El amor no es envidioso ni jactancioso ni orgulloso. No se comporta con rudeza, no es egoísta, no se enoja fácilmente, no guarda rencor. El amor no se deleita en la maldad sino que se regocija con la verdad. Todo lo disculpa, todo lo cree, todo lo espera, todo lo soporta" (vv. 4-7, NVI).

El amor como se describe en la Biblia no viene de manera natural. Por naturaleza, si su pareja no lo ama, entonces usted no lo(a) va a amar. Pero Jesús dijo: "Pero yo os digo: Amad a vuestros enemigos, bendecid a los que os maldicen, haced bien a los que os aborrecen, y orad por los que os ultrajan y os persiguen; para que seáis hijos de vuestro Padre que está en los cielos, que hace salir su sol sobre malos y buenos, y que hace llover sobre justos e injustos. Porque si amáis a los que os aman, ¿qué recompensa tendréis? ¿No hacen también lo mismo los publicanos"? (Mt. 5:44-46). ¿Es su esposo su enemigo? ¿Odia a su esposa? El mandamiento de Jesús es amarlo(a). Tal mandamiento sería imposible de cumplir si el amor fuera una emoción. Note las palabras que Jesús usó para expresar amor: Haga el bien, bendiga, ore. Esas son palabras de acción, no de descripciones de emociones. El amor se expresa por acciones designadas a ayudar al otro individuo. El aspecto emocional del amor se cuidará él mismo si nos concentramos en el aspecto de la acción. ¿Cómo puede amar a su cónyuge cuando él o ella no le está mostrando amor a usted? ¡Solo con la ayuda divina! En Romanos 5 leemos: "y la esperanza no avergüenza; porque el amor de Dios ha sido derramado en nuestros corazones por el Espíritu Santo que nos fue dado". Nuestra mayor fuente de ayuda es Dios. Si usted es cristiano, Dios le ha dado su Espíritu como una compañía constante. El Espíritu Santo quiere llenar nuestras vidas con amor. Si se quiere ver como un canal de amor para su cónyuge, usted tendrá la ilustración bíblica. Dios quiere expresar su amor, cuidado y preocupación por su cónyuge. Usted puede ser el canal principal de Dios. Usted debe recibir en primer lugar el perdón de Dios e invitar a su Espíritu a que llene su vida con amor.

Usted no tiene las mismas oportunidades de amar a su cónyuge que tuvo cuando estaban viviendo juntos, sin embargo, sí tiene oportunidades. El próximo capítulo explorará algunas de esas oportunidades.

TAREAS PARA EL CRECIMIENTO

1. Pídale a Dios que lo ayude a hacer una lista de formas

específicas en las que le ha fallado a su cónyuge. (Simplemente la puede añadir a la lista que hizo en el capítulo 4.)

2. Confiese esos fracasos a Dios, si no lo ha hecho todavía y acepte su perdón.

3. Pídale a Dios que lo llene con su amor (Ro. 5:5) y permita ser su agente de amor para con su cónyuge.

4. Acuerde verse con su cónyuge y léale su lista. Entonces pídale perdón a su pareja. Declárele su deseo de una oportunidad para arreglar sus problemas y encontrar la reconciliación pero no demande que él o ella le dé una respuesta inmediata.

5. Mientras espera por su respuesta, ore a Dios para que lo(a) convenza de pecado, justicia y juicio.

6. Lea el capítulo 6 para ideas prácticas sobre cómo expresar amor mientras está separado.

AMOR A LARGA DISTANCIA

Su cónyuge no viene más a su hogar al final del día. Cuando entra al hogar nadie se encuentra para esperarlo(a). Si ama, debe ser a distancia y esporádicamente expresado. Algunas parejas separadas tienen una gran cantidad de contactos, mientras que otras se ven raramente, si lo hacen. Por lo tanto, algunos de ustedes tendrán más oportunidades de expresar su amor por su cónyuge que otros. No condene su circunstancia. Su situación es su situación y debe usarla al máximo. Usando las palabras descriptivas de 1 Corintios 13, quiero sugerir algunas ideas prácticas de expresar amor mientras esté separado.

Paciencia

"El amor es paciente" (v. 4). No se apresure. Su matrimonio no se deshizo de la noche a la mañana y no se reedificará tampoco en un día. No establezca tiempo límite ni para usted ni para su cónyuge. "¡Si no regresas a principio de mes, lo puedes olvidar!"

no es una expresión amorosa. Cuando establece límites, está tratando de dominar a la otra persona. Le está diciendo lo que tiene que hacer. Esa puede ser parte de la razón por la que se encuentra separado en estos momentos. A ninguno de nosotros nos gusta que nos dominen. Operamos mejor cuando somos libres. Realmente no quiere que su cónyuge regrese por una amenaza. Quiere que regrese por su propia voluntad. Déle tiempo. Exprese su deseo pero retroceda y permítale decidir.

Además, sea paciente con la ambivalencia de su cónyuge. Durante la separación, los individuos se sienten arrastrados en dos direcciones. Algunos desean, por muy débiles que estén, que se cumplan los deseos de la reconciliación. Por otra parte, hay dolor y herida en un matrimonio enfermo que los alejan emocionalmente. Pudiera haber alguien más hacia quien se sienta atraído y esto lo empuja hacia esa dirección. Una persona puede decir sinceramente algo hoy y otra cosa mañana. No tiene intensiones de mentir. Solo está dando a conocer sus propios sentimientos en ese momento. Mientras tanto debe ser paciente con sus declaraciones contradictorias. La expresión de entendimiento es aún más útil: "Entiendo que te están halando en dos direcciones. A veces yo mismo me siento así".

Amabilidad

"El amor es benigno" (v. 4). La palabra que se traduce aquí "benigno" significa "ser útil o beneficioso". Por lo tanto la benignidad pueden ser palabras o acciones útiles o beneficiosas a la otra persona. ¿Qué puede decir o hacer que sea útil o beneficioso para su cónyuge? Si es un esposo que se ha marchado, hay muchas cosas alrededor de la casa que pudiera hacer por su esposa si ella está deseosa. Si su esposa lo ha abandonado, aún puede hacer algunas cosas "útiles o beneficiosas" para hacerle la vida más placentera. No guarde rencor simplemente porque ella lo abandonó. Si lo permite, usted puede ser el agente de Dios de amor hacia ella. ¿Qué se gana con no ayudarla? Si no lo hace, alguien más lo hará y usted ha perdido una oportunidad de expresarle el amor siendo amable.

"El amor edifica" (1 Co. 8:1). La palabra edificar significa "construir hacia arriba". Una forma de edificar a su esposa es expresarle amabilidad en su lenguaje. Diga algo útil o beneficioso. Algo que edifique más bien que derribe. Mucho de nuestra conversación normal mientras estamos separados es destructiva. Expresamos nuestros sentimientos hostiles con palabras hirientes que enfatizan los fracasos de nuestros cónyuges. La reconciliación se allana con palabras de amabilidad. Ambos tienen una lucha con la autoimagen. Ambos se sienten mal acerca de lo que sucedió. Sin embargo, ambos se sienten culpables por sus propios fracasos. ¿Por qué no edificar a su cónyuge halagándolo(a) con algo bueno que ve en él o ella?

Hace algún tiempo, leí una historia de una mujer que fue a un consejero matrimonial y le confió que quería divorciarse de su esposo.

—Quiero herirlo de la peor manera posible —dijo—. ¿Qué me sugiere?

—Comience a bañarlo con halagos —le replicó el consejero-. Cuando piense que usted lo ama devotamente, entonces comience la acción del divorcio. Esa es la forma de herirlo de la peor manera.

Regresó en dos meses para reportar que había seguido su consejo.

—Bien —le dijo el consejero—, ahora es el momento para herirlo más.

—¡Divorcio! —gritó la mujer—. ¡Nunca! Me he enamorado de él.

¿Qué ocurrió? Comenzó expresándole amor usando halagos. A su tiempo, él comenzó a sentirse amado y comenzó a expresarle amor a ella.

Sí, las emociones afectuosas pueden renacer. Pero las palabras y los actos amables tienen que preceder las emociones amables. Pero las palabras y los actos amables deben preceder a las emociones amables. Muchas parejas sienten que un juicio para la separación les ayudará a que sus sentimientos se enderecen. Se quieren separar y no tener contacto para ver si el tiempo separados les permitirán que los sentimientos regresen. Tal proceso es fútil. La actitud y la acción deben preceder a las emociones positivas. La distancia sola no hará que las emociones regresen.

¿Qué cosa amable podría hacer o decir hoy que ayudara a su cónyuge? ¿Qué tal una llamada telefónica para expresar interés en lo que él o ella está haciendo? No haga de esto un hábito, al no ser que su pareja lo desee pero de vez en cuando puede ser una expresión de amor. Inclusive su pareja puede decir: "Por favor no llame", cuando todo el tiempo él o ella desea que lo haga. Usted no desea molestarse, pero una llamada amistosa para darle a conocer su preocupación por el bienestar de su cónyuge es un gesto de amor. Recuerde, usted está trabajando para la reconciliación. El amor es un paso poderoso en la dirección correcta.

Evitar la envidia

El amor "no es envidioso" (v. 4, NVI). Cada cónyuge piensa que el otro tiene la mejor de las oportunidades mientras están separados. La esposa con los hijos se quejará que su esposo es libre de hacer lo que desea, mientras ella debe estar en casa con los hijos. El esposo se queja de que con todo el dinero que ella le demanda, él ni siquiera puede darse el lujo de vivir, menos aún el de disfrutar de la vida.

El juego de la envidia lleva a la esposa a tener una aventura porque su esposo la tiene. Lleva al esposo a escaparse del pueblo, abandonando su responsabilidad para con los hijos, para irse y encontrar la felicidad. La verdad es que la separación es dura para ambos. Ninguno de ustedes tiene una situación ideal. Hay presiones adicionales en ambos. Las finanzas, la logística, la soledad, el significado de la vida, todos gritan por respuestas. Se encuentran viviendo en un estado anormal. El esposo y la esposa no se hicieron para que vivan separados. Se crearon para vivir unidad familiar. Emocional, física, espiritual y socialmente sus mejores intereses son para buscar reconciliar sus diferencias y encontrar la unidad matrimonial. No envidie la posición de su cónyuge, pero ore y trabaje hacia la unión de las dos mitades que están ahora separadas y heridas.

Humildad

El amor "no es envidioso ni jactancioso ni orgulloso" (v. 4, NVI). Es tan fácil que mire hacia atrás y anuncie todos sus actos justos en el matrimonio mientras que pasa por alto sus debilidades. "Te fui fiel. Cociné tus comidas, te lavé todas tus camisas, cuidé de tus hijos y ¿dónde me llevaste? No puedes decir que no traté. Te rogué que pasaras más tiempo conmigo. Estaba deseosa de ir contigo dondequiera que fueras, en cualquier momento yo, yo, yo". Tal conversación es verdadera pero no es amorosa.

Su historial pasado habla por sí mismo. No necesita sonar su propia trompeta. Sus amigos lo conocen. Sus hijos lo conocen. Sabe la verdad sobre usted mismo. Dios lo conoce totalmente. Y su esposa lo conoce, aunque él o ella puede elegir el acentuar lo negativo en el tiempo presente.

La cortesía

El amor "No se comporta con rudeza" (v. 5, NVI). Lo opuesto a la rudeza es la cortesía. No se tienen que tratar con aspereza por el simple hecho de que están separados. La palabra cortesía significa: "Modales de la corte". Trate a su cónyuge con dignidad y respeto como si usted estuviera cortejando. Él está separado y usted está buscando ganarse su afecto. ¿Puede recordar cómo lo trató antes del matrimonio? Fue respetuoso, entonces regrese a esas acciones y palabras.

No hay razón para pelear y gritar cuando están juntos. "La blanda respuesta quita la ira; mas la palabra áspera hace subir el furor" (Pr. 15:1). Ciertamente necesitan discutir asuntos, pero no necesitan atacarse el uno al otro en el proceso. Sé que a veces nos airamos pero se nos instruye a no pecar en nuestros enojos (Ef. 4:26). Para sugerencias prácticas sobre cómo comunicarse de forma constructiva en medio del conflicto, vea la sección sobre la comunicación en mi libro *El matrimonio que siempre ha deseado* publicado por Editorial Portavoz.

Si su pareja está abierta a la idea, ¿por qué no arreglar una serie de "citas"? No piense que siempre necesita discutir los problemas. Mientras que estén juntos, trátense con cortesía. Haga esas pequeñas cosas que sabe que el otro aprecia. Hable con bondad. Ponga los intereses del otro en primer lugar.

Generosidad

El amor "no es egoísta" (v. 5, NVI). El amor no demanda su propia forma. Cuando la mayoría de nosotros nos casamos, pensamos en lo que obtendríamos del matrimonio. Teníamos sueños de nuestra propia felicidad y de lo que nuestros cónyuges harían por nosotros. Ciertamente queríamos que ellos fueran felices también, pero nuestros principales pensamientos estaban en lo que el matrimonio significaría para nosotros.

Después de la boda encontramos que nuestros cónyuges no siempre pensaban en nuestra felicidad. No siempre satisficieron nuestras necesidades. Cada vez más demandaban de nuestro tiempo, energía y recursos para su propia felicidad. Nos sentimos engañados y utilizados. Así que luchamos por nuestros derechos. Demandamos que nuestros cónyuges hicieran ciertas cosas por nosotros, o nos rendimos y buscamos la felicidad en otra parte.

La felicidad es la única comodidad. La persona que la compra nunca la encuentra. Puede buscar en los estantes del mundo entero y quejarse y nunca encontrarla a ningún precio. Los hombres y mujeres solitarios de todas las edades han gruñido y se han quejado por la futilidad de la búsqueda de la felicidad.

La felicidad genuina es un producto secundario de hacer a otro feliz. ¿No dicen las Escrituras: "Más bienaventurado es dar que recibir" (Hch. 20:35)?

¿Qué puede hacer por la felicidad de su cónyuge? "Yo no quiero que sea feliz", admite usted. "¡Yo quiero ser feliz!" Un objetivo digno de valor ciertamente, pero ¿cómo puede encontrar la felicidad? Usted debe descubrir las necesidades de alguien y tratar de satisfacer esas necesidades. Escuche con atención y piense: ¿Por qué no comenzar con su cónyuge? ¿Por qué no pedirle que hable de algunas de sus más grandes necesidades? Su cónyuge puede no dejarlo hacer realidad ese objetivo, pero se sentirá mejor al haber tratado. Usted se encontrará avanzando en el camino de la felicidad mejor que cuando resentía a su cónyuge y rechazaba extender la mano para ofrecer ayuda.

Olvidar el pasado

El amor "no guarda rencor" (v. 5, NVI). ¿Cuántas veces en una sesión de consejería he escuchado cómo un esposo o esposa pasaron horas detallando las anteriores palabras de su cónyuge? Algunos pueden ir atrás y volver a ver los detalles mínimos de los acontecimientos y acciones de su cónyuge que ocurrieron hace quince años. Cada vez que rememoran el acontecimiento, vuelven a vivir las emociones del momento.

El dolor, la pena y el desencanto se sienten como si hubieran pasado ayer. Yo les pregunto, ¿de qué les vale eso? Está bien decírselo a un consejero, pero el revivirlo día a día en su mente es peor que inútil, es destructivo.

Todos nosotros hemos tenido fracasos ocultos que nuestras

parejas podrían sacarlos y usarlos para destruirnos. Sí, somos culpables de horribles fracasos pero el gran mensaje de la Biblia es que hay perdón. Cristo murió por nuestros pecados, para que pudiéramos estar libres de la condenación. "Ahora, pues, ninguna condenación hay para los que están en Cristo Jesús" (Ro. 8:1). El perdón significa que Dios no tiene en cuenta nuestros pecados en contra nuestra.

Necesitamos seguir el ejemplo de Jesús en el tratamiento de nuestros cónyuges. Sí, hemos estado equivocados pero tenemos el poder de perdonar. Si su cónyuge confiesa y pide perdón, nunca debe recordarle el pasado. Recordar las cosas específicas una y otra vez no sirve para algo positivo. Su bienestar no se determina por el pasado, sino lo que hace con el futuro. Lo importante es cómo se tratan el uno al otro hoy, no cómo se trataron el mes pasado. Olvidar el pasado es la llave que puede abrir el futuro, trayendo reconciliación entre su cónyuge y usted.

Confianza

El amor "todo lo cree" (v. 7, NVI). "¿Puedo volver a confiar en él de nuevo?" Se pregunta una esposa. "¿Cómo puedo aprender a confiar en ella después de lo que ha pasado?" Se pregunta un esposo sincero. La confianza es un ingrediente esencial para la unidad marital. Cuando confiamos en nuestras parejas, creemos en su integridad básica. Sentimos que lo que dicen es verdad. No tenemos razón para dudar. Cuando un individuo viola nuestra confianza y no es verdadero, sin embargo, la confianza se rompe. Cuando eso sucede más de una vez la confianza disminuye y con el tiempo se desintegra.

¿Puede renacer la confianza? Sí, si la integridad renace. La confianza muere cuando la integridad muere. Si confesamos nuestros pecados y pedimos perdón, Dios nos puede perdonar. Se puede esperar que nuestros cónyuges nos perdonen. En ese momento la planta de la integridad se siembra de nuevo. Toma tiempo, sin embargo, para que la confianza tenga frutos. La confianza no se destruyó de un día para otro y no florecerá inmediatamente. Sí, podemos llegar a confiar de nuevo pero tal confianza se edificará sobre el historial de la integridad. Toma tiempo establecer tal historial. Tenemos que regar la planta tierna de la integridad hasta que sus raíces se hundan profundamente en nuestras relaciones de nuevo.

En el nivel práctico esto significa que si su confianza en su cónyuge se restaura, su cónyuge debe establecer un nuevo historial de confianza. Su pareja debe hacer lo que dice que hará. La persona debe ser honesta en su trato con usted. Sin acciones de confianza la verdad no puede crecer. Cada vez que encuentre a su cónyuge diciendo la verdad, su confianza en él o ella crecerá. La confianza se puede restaurar mientras ustedes estén separados, pero solo si su cónyuge comienza un nuevo patrón de ser digno de confianza.

Si usted es el ofensor, entonces mejorará la reedificación de la confianza de parte de su cónyuge invitándola(o) a investigar su comportamiento. Cada vez que su pareja descubra sus acciones correspondiéndose con sus palabras, la confianza crecerá. Toma tiempo pero se convertirá en una persona de integridad y su cónyuge podrá de nuevo confiar en usted.

La esperanza

El amor "todo lo espera" (v. 7). Pienso que lo mayor que un consejero puede traer al salón de consejería es esperanza. Un oído que escucha, un corazón bondadoso, habilidades de comunicación, enseñanzas bíblicas; todas son necesarias para una consejería exitosa pero sin esperanza todo fracasará. Ese espíritu de esperanza nació de las dificultades resueltas en mi propio matrimonio y alentadas por cientos de parejas que he visto encontrar su entereza. Están enraizadas en las poderosas enseñanzas de la Biblia.

En los años tempranos de nuestro matrimonio, Karolyn y yo perdimos la esperanza. Parecía que nuestro sueño no se convertiría en realidad. Nos amábamos (pensábamos) pero no podíamos resolver los conflictos persistentes. Nos aferramos a nuestras ideas de lo que el otro debía ser y hacer pero ninguno de los dos vivíamos a la altura de las expectativas. Yo conocía el dolor de ver lo único que más quería en mi vida, un matrimonio feliz, al parecer deslizándose cada día que pasaba. No nos abandonamos físicamente, pero estábamos separados emocionalmente.

No había una solución sencilla, no había una varita mágica que cambiara nuestras vidas pero nos mantuvimos unidos hasta que las actitudes cambiaron. Libros, conferencias, amigos y Dios todos trabajaron juntos para ayudarnos a que saliera mucho del comportamiento destructivo que nacía de nuestras propias inseguridades. Llegamos a entendernos mejor, particularmente los alcances y responsabilidades de nuestras personalidades. Comenzamos a escuchar en lugar de hablar. Pidiendo en lugar de exigir. Buscando entender en lugar de buscar seguir nuestros propios caminos. Vinimos a apreciar las fortalezas de cada uno en las áreas débiles. Vinimos a vernos como amigos. El afecto y la seguridad de nuestros momentos juntos están ahora lejos del dolor y de la herida de esos primeros años pero recuerdo y tengo esperanza para otros.

El evangelio de Cristo "es poder de Dios para salvación a todo aquel que cree" (Ro. 1:16). A través de los años he visto vidas cambiadas radicalmente cada vez que mujeres y hombres se han comprometido con Cristo. El mensaje sencillo del evangelio es que Dios no solo perdonará nuestros pecados a través de la fe en lo que Cristo hizo en la cruz, sino que el Espíritu de Cristo realmente vendrá a vivir en nosotros y darnos poder para cambiar. Todos los hombres y las mujeres tienen el poder de cambiar pero el cristiano tiene la ayuda específica del Espíritu Santo cuando elige caminar a la manera de Dios.

Sí, hay esperanza para usted y esperanza para su matrimonio. El primer paso es rendirle su vida a Dios y el segundo paso es amar a su cónyuge a pesar de lo que ha pasado. Ciertamente hay una posibilidad real que su cónyuge no responda a su amor y al amor de Dios. Pero Dios no lo dejará sin esperanza. "Porque yo sé los pensamientos que tengo acerca de vosotros, dice Jehová, pensamientos de paz, y no de mal" (Jer. 29:11).

Usted tiene un futuro con Dios. Ese futuro involucra todo esfuerzo hacia la reconciliación. Dios dirigirá sus pasos en una vida fructífera. Su realización final no depende de la respuesta de su cónyuge, sino de su propia respuesta a Dios.

TAREAS PARA EL CRECIMIENTO

1. En una actitud de oración, piense y entonces prepare una lista de formas específicas en las que pueda expresar el amor de Dios a su cónyuge.

2. Haga otra lista de las cosas que debe dejar de hacer o decir si usted desea ser un agente del amor de Dios hacia su cónyuge.

3. Ore para que Dios lo capacite para que cesen todas las palabras o acciones destructivas hacia su cónyuge.

4. Seleccione una de las acciones que incluyó en la lista bajo el número 1 arriba mencionado y pídale a Dios una oportunidad para expresar su amor a su cónyuge esta semana.

5. Comprométase a caminar con Dios a pesar de lo que su cónyuge haga.

SIETE

AMOR QUE ESTABLECE LÍMITES

El amor no es siempre manso y afable. A veces el amor es firme y difícil pero no es menos amor. En caso de que dude de esa sentencia, considere la respuesta de Jesús a los publicanos en el templo. Habían cambiado de la oración a las ganancias y Jesús no se sentó de brazos cruzados (Mt. 21:12-13). Cuando ciertos hombres cambiaron la religión al crimen organizado, Él insistió que dejaran el lugar. Sus palabras son fuertes: "Y entró Jesús en el templo de Dios, y echó fuera a todos los que vendían y compraban en el templo, y volcó las mesas de los cambistas, y las sillas de los que vendían palomas; y les dijo: Escrito está: Mi casa, casa de oración será llamada; mas vosotros la habéis hecho cueva de ladrones". El gran Maestro se indignó "y volcó las mesas de los cambistas, y las sillas de los que vendían palomas".

¿Duras acciones? Sí. ¿Amorosas? Sí. Jesús amaba demasiado para no hacer nada frente a la corrupción. Tomó decisiones definitivas y eso quería decir que los ofensores tenían que dejar el templo. ¿Regresaron más tarde después del arrepentimiento y se convirtieron en hombres de oración? Las Escrituras no lo dicen. Ciertamente, ese hubiera sido el deseo de Jesús. Lo que hicieron después de su acción fue su elección pero su acción reveló su amor por ellos al igual que a su Padre.

Algunas cosas no son permisibles en el matrimonio. Cuando el maltrato sexual, infidelidad, maltrato sexual a los niños, adicción al alcohol o a las drogas persisten en un matrimonio, es tiempo de tomar acciones amorosas. De hecho uno no es amoroso cuando él o ella acepta tal comportamiento como una forma de vida. El amor siempre se preocupa por el bienestar de la otra persona. No es amoroso aceptar este comportamiento y no hacer nada. Tal comportamiento está destruyendo al individuo y al matrimonio. El amor debe confrontar. Eso es amor duro. Y eso es amor real.

En la Biblia la confrontación se ve siempre como redentora. "Si tu hermano peca contra ti, ve a solas con él y hazle ver su falta". Jesús dice en Mateo. 18:15 (NVI). "Si te hace caso, has ganado a tu hermano". La esperanza de la confrontación es que la relación se restablezca.

Sabemos, sin embargo que el arrepentimiento no siempre se ve como redentor. Jesús continuó diciendo: "Pero si no, lleva contigo a uno o dos más, para que "todo asunto se resuelva mediante el testimonio de dos o tres testigos". Si se niega a hacerles caso a ellos, díselo a la iglesia; y si incluso a la iglesia no le hace caso, trátalo como si fuera un incrédulo o un renegado" (Mt. 18:16-17, NVI). ¿Cómo trata a un pagano? Usted ora por él. Extiende su mano para testificarle de la gracia de Dios pero no acepta su comportamiento pecaminoso. Sobre el arrepentimiento, usted está completamente listo para perdonar y restaurar. De hecho, ese es el resultado deseado de la confrontación.

Tres niveles de confrontación

Note los niveles de confrontación que Jesús diseñó. Primero, vamos al individuo en privado. Le expresamos no solo nuestro desagrado con el comportamiento de la persona, sino que afirmamos que tal comportamiento es pecaminoso. Viola las leyes que Dios estableció para el matrimonio y la familia. Exhortamos a la persona a regresar a Dios y a alejarse de su comportamiento destructivo. Aseguramos a nuestro cónyuge que le amamos demasiado para sentarnos de brazos cruzados. No podemos condonar tal comportamiento. Si el cónyuge se arrepiente, perdonamos y continuamos creciendo en el matrimonio.

Si el individuo rechaza tratar con el comportamiento pecaminoso, le decimos de la situación con otros dos o tres y van con nosotros a confrontarlo(a) una vez más. Estas deben ser personas confiables y maduras que entiendan cómo ser amables y firmes. Quizás el conocimiento de que otros están conscientes de la situación motivará al cónyuge a buscar ayuda para romper los patrones destructivos. Si está deseoso(a) de ir a consejería, entonces el proceso debe comenzar lo más pronto posible. Y debe durar lo necesario hasta que el consejero y los esposos acuerden que el problema se ha tratado de una forma comprensible. Con la consejería individual y el apoyo de una familia humanitaria cristiana, los patrones destructivos se pueden cambiar. Los matrimonios se pueden restaurar.

El tercer nivel de confrontación es decírselo a la iglesia.

Cuando el cónyuge no ve la necesidad de arrepentirse después de haber confrontado a su cónyuge con otros dos o tres, entonces la iglesia se involucra. Por lo general esto comienza hablándole al pastor o a un miembro de la directiva de la iglesia. El líder pastoral toma a un grupo representativo de la iglesia y una vez más confronta al cónyuge errado. Quizás él o ella responda ahora de una forma positiva a la ayuda que se le está ofreciendo y el proceso curativo puede comenzar.

Si aún no hay deseo de tratar con el problema, se nos dice que debemos declarar al individuo como un pagano, no como un hermano. Si aplicamos este principio a la relación del matrimonio, ¿significa esto la separación? En mi opinión, esta sería la alternativa. El propósito es aún redentor. La separación es con el propósito de crear una crisis la que esperamos insta al cónyuge a tomar una acción constructiva.

La separación como un acto de amor

Sería imposible mejorar el patrón de confrontación establecido por Jesús. Si su propio matrimonio se involucró en algunos de estos patrones de comportamientos crónicos e irresponsables, ¿cuán cercano ha seguido usted este acercamiento de tres etapas? La separación es la última de las alternativas; tomarlas después que todo lo demás ha fallado y aún entonces oramos por la sanidad y la reconciliación. Algunos cristianos siempre ven la separación como una acción pecaminosa. En realidad puede ser el acto más amoroso que uno puede tomar. Permítame ilustrar.

Joyce estaba esperando fuera del vestíbulo de conferencias donde yo iba a hablar. Mientras me acercaba, podía decir que tenía sus ojos sobre mí.

—Usted es el doctor Chapman, ¿verdad? —preguntó. Yo afirmé y ella continuó—: He estado esperando por usted porque tengo una pregunta acerca de la conferencia de anoche. Su conversación acerca del amor fue muy dolorosa para mí. He estado separada de mi esposo por tres meses. Tengo una pregunta que hacerle: "¿Hay algún momento en que se deje de amar?"

—¿Por qué pregunta? —repliqué.

—Mi esposo me maltrató física y emocionalmente por ocho años. Rechazaba trabajar. Mantuve a la familia por siete años. Entonces me enfermé. Aún entonces rechaza buscar un trabajo.

—¿Podía trabajar?

—Tanto como yo. Estaba trabajando cuando nos casamos. Seis meses más tarde perdió su trabajo y nunca más tomó la iniciativa de buscar otro. Yo estaba trabajando, así que se quedaba en casa con los niños y miraba la televisión. Fundamentalmente miraba la televisión. Aun esperaba que yo lo cocinara todo. Aun cuando el niño mayor comenzó la escuela, no buscaba un trabajo.

"Me cansé. Di y di sin nada a cambio. Llegué al punto donde no tenía más amor que dar. ¿Estaba equivocada en dejar de amarlo?

—Quizá no lo dejó de amar —le dije—. Tal vez lo está amando más que antes. Como entiendo el concepto bíblico, amor es cuidar de los intereses del otro. Es poner el bienestar de él por encima del suyo.

—Eso fue lo que hice todos esos años, Dr. Chapman —interrumpió—, pero no lo pude hacer más.

—Entiendo que esas fueron sus intensiones todos esos años —le dije—, pero no estoy seguro de que su comportamiento fue tan amoroso. De hecho, usted lo ayudó a vivir un estilo de vida irresponsable. ¿Realmente lo ayudó? ¿Fue realmente beneficioso para él? Hizo lo posible para que viviera sin trabajar, mientras que la Biblia dice: "Porque incluso cuando estábamos con ustedes, les ordenamos: El que no quiera trabajar, que tampoco coma'" (2 Ts. 3:10, NVI). Sus acciones lo ayudaron a violar ese principio básico de la Biblia.

Podría decir que esta no era la forma en que Joyce esperaba que esta conversación continuara.

—Ahora —continué—, al separarse ha tomado un paso para ayudarlo a seguir este principio. Usted ha dicho: "No te alentaré más a desobedecer la Biblia. No te puedo hacer trabajar pero no te ayudaré a eludir la responsabilidad. ¿Quién sabe? Quizá pueda encontrar trabajo.

—Ah, él ya ha prometido que obtendrá un trabajo y que será amable conmigo si regreso —dijo ella.

—Entonces veamos si cumple su promesa. Permítale que obtenga un trabajo y permítale que vaya con usted a ver a un pastor o a un consejero para discutir los problemas de maltrato. Al tiempo, podrá tener un matrimonio saludable y bíblico. Pero déjele saber que no regresará hasta que las cosas se arreglen completamente. Usted debe tener alguna evidencia de que las cosas pueden ser diferentes. ¿Entiende por qué diría que quizás usted lo ama más eficazmente que antes? No me malinterprete. No estoy alentando el divorcio. Estoy diciendo que usa la confrontación como medio de tratar de ayudar.

"El amor le dice a un esposo: Te amo demasiado para ayudarte a que te equivoques. No me sentaré aquí para dejar que te destruyas a ti y a mí. No puedo evitar que dejes de maldecir pero no estaré aquí para recibir tus maldiciones esta noche. Si quieres hacer nuestras vidas mejores, entonces estoy abierta. Pero no dejaré que tú me destruyas'.

"Su actitud no es la de abandono sino la de amor", continué. "Para responder su pregunta original, nunca hay tiempo en que se deje de amar a alguien pero hay un tiempo para expresar amor, de una manera diferente y más eficaz. El amor no deja que una persona la pisotee. El amor está tan ocupado por el bienestar, que rechaza jugar en su comportamiento enfermo. Muchas personas se curan cuando alguien los ama lo bastante hasta llegar a soportar sus acciones inapropiadas".

El amor de Dios establece límites

Dios es nuestro mejor modelo en este tipo de amor que establece fronteras. Una y otra vez, leemos pasajes similares a este:

"Si prestas atención a estas normas, y las cumples y las obedeces, entonces el *SEÑOR* tu Dios cumplirá el pacto que bajo juramento hizo con tus antepasados, y te mostrará su amor fiel. Te amará, te multiplicará y bendecirá el fruto de tu vientre, y también el fruto de la tierra que juró a tus antepasados que les daría. Es decir, bendecirá el trigo, el vino y el aceite, y las crías de tus ganados y los corderos de tus rebaños" (Dt. 7:12-13, NVI)

"Si llegas a olvidar al *SEÑOR* tu Dios, y sigues a otros dioses para adorarlos e inclinarte ante ellos, testifico hoy en contra tuya que ciertamente serás destruido" (Dt. 8:19, NVI).

Tal establecimiento de límites se ha interpretado por algunos como no cristianos y desamorosos. En realidad, es el amor en sus mejores momentos. Sin límites, la vida se convierte en algo confuso. "Las cercas de Dios hacen buenos vecinos", El poeta Robert Frost escribió una vez. Eso no es solamente buena poesía; es buen sentido. Algunas cosas no se permiten en el matrimonio. El amor está deseoso de trazar una línea y rechaza aceptar la conducta como normal. Tal exigente amor puede que no lleve a la reconciliación pero es una acción responsable y amorosa.

Algunos cristianos definen el amor como el apaciguar totalmente los deseos de la pareja sin mirar a su comportamiento. Esto es algo que el mismo Dios no hace. Es cierto que Dios nos ama incondicionalmente, pero no es cierto que su alcance es el mismo cuando obedecemos y no obedecemos sus mandamientos. Él ha establecido límites y cuando somos fieles a esos límites, experimentamos "bendiciones". Cuando los violamos o nos rebelamos, Él nos ama demasiado para quedarse silencioso. En esencia Hebreos 12:5-8 indica que cuando un cristiano quebranta los límites, Dios responderá inmediatamente con reprimenda (condena), castigo (disciplina) y azote (latigazo). La reprimenda, el castigo y el azote son resultados muy diferentes a los de una bendición. No recibimos la bendición de Dios al no ser que estemos deseosos de vivir responsablemente.

A veces en el nombre del amor o por miedo, soportamos el comportamiento destructivo de un cónyuge hasta que llegamos a odiar a esa persona. Entonces tomamos acción en contra de esa persona en autodefensa. ¿Cuánto más saludable es tomar acción antes de la relación mientras aún tenemos la energía con la cual soportar el proceso? "Soportar" el comportamiento pecaminoso nunca es la forma de Dios. Él ama demasiado profundamente para eso.

Mientras más temprano podamos aclarar los límites y responder cuando se violan, mejor. No podemos tener los beneficios de una relación amorosa responsable a no ser que estemos deseosos de ser responsables de nuestro comportamiento.

Responder al comportamiento inaceptable

Quizá se han separado debido a algunos de los comportamientos inaceptables escritos arriba —maltratos físicos o verbales, infidelidad, maltrato sexual de niños, abuso de alcohol o drogas— o algún otro comportamiento expresamente condenado en las Escrituras. Si es así, permítame alentarle a trabajar cerca de un pastor o de un consejero cristiano para determinar a dónde ir desde donde se encuentra. Su acto de separación puede haber sido simplemente un acto consciente de autopreservación. En todo caso se beneficiaría desde una perspectiva de un profesional que ha tenido la experiencia ayudando a los cónyuges a responder a tales situaciones abusivas.

Enfrentará varias preguntas durante su separación. Si ha habido un patrón de maltrato físico o maltrato sexual de niños, ¿le permitiría a su cónyuge que ha dejado que regrese a casa a hacer una visita? En mi opinión, no hasta que haya habido bastante consejería y el consejero esté de acuerdo que tal visita será segura. Una promesa de cambio no es suficiente en estos casos. Se han hecho promesas anteriormente. El cambio real en patrones establecidos no es probable que ocurran sin una extensiva consejería y la ayuda del Espíritu Santo. Recuerde, nuestra meta es la reconciliación, no simplemente el estar juntos. Estar juntos sin tratar los problemas reales es casi un desastre.

Este amor puede parecer severo pero es a veces necesario. La firmeza y la amabilidad es el acercamiento apropiado. No nos podemos reconciliar con un cónyuge abusivo hasta que el maltrato se haya tratado por completo. Debemos estar abiertos para caminar el camino largo de la curación pero no atrevernos a ignorar el maltrato. El maltrato ignorado solo escala. Es mejor establecer límites severos de amor ahora que más tarde. ¡Dejarlo para después pudiera ser demasiado tarde!

TAREAS PARA EL CRECIMIENTO

1. ¿Cuáles de los siguientes eran parte del comportamiento de su cónyuge en su matrimonio? (Escriba sus iniciales en las que aplican.)

___ maltrato físico   ___ maltrato verbal

___ maltrato sexual de niños   ___ infidelidad sexual

___ abuso de alcohol   ___ abuso de droga

___ Otro _____

2. ¿Cuáles de lo de arriba fueron parte de su propio comportamiento en el matrimonio? (Ponga sus iniciales en las que aplican.)

3. ¿Qué pasos ha tomado para tratar con su propio comportamiento destructivo?

4. ¿Qué pasos ha tomado su cónyuge para tratar con su comportamiento destructivo?

5. Si alguno de los de arriba son patrones establecidos en cualquiera de sus vidas, puede haber una reconciliación auténtica solo después que estos patrones se hayan cambiado. Casi siempre, esto requerirá la ayuda de un pastor o de un consejero profesional. Si no está todavía viendo a un pastor o consejero, pudiera dar los pasos inmediatamente para encontrar tal persona y arreglar una cita.

   Además, esté seguro de que su cónyuge entiende que no puede haber una reconciliación sin consejería. Dígale que las promesas de cambio no son suficientes. Si su cónyuge es serio(a) estará deseoso(a) de buscar ayuda.

6. Si su cónyuge no está deseoso(a) de ir a consejería por estos comportamientos destructivos, entonces deberá asegurar su propio consejero para que le ayude a conocer cómo establecer los límites definidos del amor con su cónyuge.

OCHO

¿CÓMO MANEJARÉ LA SOLEDAD?

Hace algunos años, le hablé a nuestra congregación acerca del papel de los adultos solteros en la familia de Dios. Al describir algunos de los problemas que enfrentan los solteros, mencioné el dolor de la soledad. La semana siguiente se me acercó una madre joven, separada de su esposo.

—Pienso que usted no tiene idea de lo que está hablando —me dijo. Me tomó por sorpresa por un momento.

—¿Qué quiere decir? —le pregunté.

—Su sermón la semana pasada acerca de la soledad. Creo que no tiene ni idea de lo que es estar solo. Usted tiene una esposa que lo ama. ¿Cómo puede saber lo que es estar solo?

Reconocí que ella estaba casi en lo cierto.

—Estoy seguro de que no sé el dolor por el que usted está pasando —admití. Hay un sentido en el cual nadie sabe el dolor que otro experimenta. Solo podemos escuchar a los que están heridos y tratar de entender.

Reflexioné en las palabras que había escrito algunos meses

antes cuando me encontraba lejos de mi familia por tres semanas mientras enseñaba un curso sobre los ministerios de los adultos solteros en el West Coast College: "Ha pasado mucho tiempo desde que he sentido la soledad que he experimentado esta tarde y noche. Casi cinco mil kilómetros alejado de casa y de los amigos le dan a uno un sentido de soledad y de vacío. Cientos de personas viven en las instalaciones pero no conozco a ninguna. Los estudiantes parece que se conocen los unos a los otros y se siente como en casa. Yo me siento solo".

El dolor que sentí esa noche, el aislamiento de ser un desconocido para toda esta gente a mi alrededor, no era nada comparado con la soledad que esa joven madre sentía. Sabía que a tiempo regresaría a casa, a una esposa amorosa y a niños afectuosos. Preveo esa reunión. Vivía con ese sueño. Pero esa joven señora no tenía esa visión ni tal sueño.

Un joven dijo a su pastor: "He tenido dos años de soledad. No quiero decir solitario, quiero decir solo. ¿Conoce la diferencia entre el estar solitario y el estar solo? ¡No! Nunca ha tenido que estar así porque el estar solitario es cuando alguien no está ahí y usted sabe que va a regresar después de un tiempo. El estar solo es cuando usted no tiene a nadie para sentirse solitario.

"Estuve solitario por un largo tiempo después que se fueron. Pero eso fue cuando pensé que regresarían. No los estoy culpando. No estoy diciendo que era mi culpa. La mayor parte lo era. Pero no regresarán más. No en un millón de años. ¡Usted no sabe lo que es el infierno! Y espero que nunca lo sepa".

¡La soledad es real! Muchos no se dan cuenta de que puede ser mortal. James L. Lynch, profesor de psicología y director científico de la clínica psicomática de la Escuela de medicina de la Universidad de Maryland, ha hecho un estudio extensivo de la relación entre la soledad y la salud mental. En una entrevista se le preguntó al Doctor Lynch cuán cercana estaba la relación entre la soledad y la salud mental. Él respondió: "Eso es como preguntar por la conexión entre el aire y la salud de uno. Como el aire que respiramos, la compañía humana se da por sentada hasta que se nos priva de ella. El hecho es que el aislamiento social, la pérdida repentina del amor y la soledad crónica son contribuyentes a la enfermedad y a la muerte prematura. La soledad no está solamente empujando a nuestra cultura al punto de ruptura, está empujando nuestra salud mental al punto de ruptura".

Por supuesto, la soledad no está limitada a los separados. Muchas parejas están viviendo en la misma casa y están emocionalmente aislados. Los investigadores Jack H. Medalie y Uri Goldbourt estudiaron 10.000 hombres casados de cuarenta años de edad para determinar el factor de la *angina pectoris*, un tipo de enfermedad del corazón. El estudio, conducido en Israel, se les siguió a los hombres durante un período de cinco años. El estudio reveló que un número menor de aquellos esposos, que tenían una esposa amorosa y que les ayudaban mucho, desarrollaron la angina pectoris que aquellos cuyas esposas eran "más frías" (52 por 1.000).[2] Una relación íntima en el matrimonio mejora la salud mental. La soledad dentro del matrimonio es perjudicial a la salud.

La soledad para los separados, sin embargo, parece ser aún más aguda. Una mujer escribiendo en el *Christian Medical Society Journal*, expresó vívidamente el dolor: "La soledad es quizás, el más profundo pozo que bloquea el camino de los separados. Después de varios años de casados, extrañaba no tener a alguien con quien compartir los pequeños acontecimientos de cada día. Las horas de la comida eran especialmente solitarias, y cocinar para una parecía sin sentido. Las madres tienen a los hijos para quienes cocinarles para hablarles, sin embargo, añoran la compañía de los adultos. Al no tener hijos yo, me sumergí en las actividades para no tener tiempo de reflejar lo vacía que estaba mi vida. En la iglesia o en una fiesta con frecuencia me sentía sola, en especial si nadie se esforzaba por sentarse conmigo".[3]

Robert S. Weiss, profesor de sociología en la Universidad de Massachussets, quien ha sido el pionero en la exploración de la soledad, identifica dos formas de soledad: La emocional y la social.[4] Aunque los síntomas difieren, la causa de los dos tipos de soledad sigue siendo la misma: La inhabilidad para satisfacer la necesidad de formar un compromiso significativo.

La soledad emocional sale de la necesidad de intimidad con un cónyuge o con un buen amigo. Una persona que está emocionalmente sola siente que no hay nadie con quien pueda contar. Los síntomas incluyen sentimientos de tensión, vigilancia hacia posibles amenazas, inquietud, pérdida del apetito, inhabilidad para dormir y un dominante nivel de ansiedad.

En la soledad social el individuo experimenta un sentido de separación de la comunidad en general. Experimenta el sentimiento de que "lo que importa está sucediendo en algún otro lugar".[5] A menudo las divisiones del día se convierten sin sentido para los solitarios sociales. Se pueden dormir en medio del día y despertarse en medio de la noche. La soledad social se pronuncia especialmente entre individuos que no tienen una vocación y sienten que sus vidas no están cumpliendo algo que valga la pena.

Los separados están propensos a sentir ambos tipos de soledades. Eso es especialmente verdadero cuando uno no tiene un sustento social fuera del matrimonio. La esposa que ha estado en el hogar a través de los años es probable que se sentirá separada no solo del esposo sino también de mundo entero cuando la separación ocurra.

La soledad a veces se confunde con la depresión. Aunque la gente sola puede finalmente deprimirse por la frustración debido a la incapacidad de disipar la soledad, las dos son muy diferentes estados: La depresión resiste el cambio, la soledad produce la presión para cambiar. La depresión hace que uno se inmovilice, mientras que la soledad presionará a que uno se mueva en cualquier dirección que ofrezca esperanza. Es por eso que muchas personas solas se acercan a los bares de solteros, sintiéndose todo el tiempo que no deben ir. La depresión lo mantiene a uno en la casa con todas las persianas cerradas a la autocompasión.

La soledad social

La soledad social, ese sentimiento de ser cortado de todo lo que es significativo en el mundo, se puede curar cuando se involucra en una vocación significativa. Mucho de nuestro sentido de valía viene de lo que estamos haciendo con nuestras vidas. Si siento que mi vida está haciendo una contribución genuina y positiva a Dios y al mundo, probablemente no tengo problemas con la soledad social. No me siento aislado sino que me convierto en una parte activa y significativa en mi generación.

Por algún tiempo, eso significa regresar a la escuela para prepararme para el sueño vocacional que ha estado dormido por muchos años. Recuerdo a una esposa a mediado de sus treinta la que al separarse se matriculó en el instituto técnico local, terminó el trabajo de la escuela media, desarrolló habilidades de secretaria y ahora se siente parte de su comunidad vocacional. El sentido de pertenencia a un equipo que está haciendo una contribución significativa al mundo trae cura emocional de la soledad social.

Tal adiestramiento puede además levantar su confianza propia. Mientras que usted demuestra que puede ser exitoso en el aula, se siente mejor y extiende su visión de lo que Dios puede tenerle en el futuro. Usted tiene sin dudas, muchos intereses y habilidades no desarrolladas. Este puede ser el mejor tiempo posible para comenzar su cultivo.

Tal desarrollo vocacional y personal puede servirle bien como un escalón de piedra para la reconciliación con su cónyuge. Mientras que él o ella lo observa a usted aprovechar la oportunidad del crecimiento más bien que sucumbir a la parálisis del sufrimiento, es más probable que él vea esperanza para un matrimonio maduro. Su pareja puede verlo convertirse en una persona diferente y mejor. Tal cambio constructivo trae un soplo de viento fresco. Por otra parte, su acción positiva no garantiza su retorno. Lo que sí garantiza es la cura de la soledad social.

Algunas madres separadas sentirán que tal entrenamiento es imposible o indeseable. Se sienten limitadas o cercadas por los hijos. Permítame recordarle que los hijos son una bendición de Dios (Sal. 127:3). No son una bendición menor cuando usted experimenta la separación. Se ahorrará mucha soledad que otros experimentan debido a su relación con sus hijos. En los términos de una vocación significativa, ninguna es más gratificante que entrenar a los hijos. Muchas otras vocaciones involucran trabajar con "cosas" pero usted se encuentra tratando con personas. Su producto es eterno; los de ellos son temporales. Aún es cierto que "las manos que mecen la cuna rigen el mundo". En mi opinión, es trágico que tantas madres hayan renunciado a la vocación mayor por una persecución menor. No censure su situación si no puede trabajar fuera de su casa.

Por otra parte, a algunas madres que no desean trabajar fuera de su casa se les fuerza a hacerlo por la separación. El esposo no puede o no proveerá sostenimiento financiero y a su esposa se le presiona a trabajar. Si usted siente tal presión, considérela como una oportunidad más que una opresión. Pídale a Dios que le dé fuerzas físicas y emocionales. Pida la sabiduría de Salomón al entrenar a sus hijos y cambie para que sea una mujer de Dios. La soledad social no será uno de sus problemas.

Para aquellas que no pueden trabajar o ir a la escuela, hay muchas oportunidades para la participación en proyectos significativos en su comunidad. Grupos cívicos siempre están buscando voluntarios que están deseosos de invertir tiempo y energía. Grupos cristianos tales como clubes de mujeres cristianas y comités cristianos de hombres de negocios le ayudarán a canalizar sus habilidades en actividades significativas. No necesita estar al margen, ¡usted puede estar en el equipo! Puede tener la impresión que viene de una sabia inversión de su vida.

La soledad emocional

La respuesta final a la soledad emocional, la falta de una relación íntima con otra persona es extender la mano y establecer un contacto saludable con usted, con Dios y con otros. Hemos discutido todo eso en capítulos previos pero permítame decirle de nuevo que tiene la capacidad de que usted sea su mejor amigo. Usted pasa más tiempo con usted que con otro. ¿Por qué no hacer que el tiempo sea placentero? Aprenda a quererse y a crear una atmósfera en la que pueda disfrutar de la vida. No necesita destruirse por lo que ha pasado. Usted ha admitido sus fracasos. Ahora levántese y realice algo hoy que lo haga sentirse complacido con usted.

La iglesia puede ayudarlo mucho para que haga un contacto significativo con Dios y con otros. Es un gozo observar lo que sucede cuando una persona sola y separada entra en la vida de nuestra iglesia. En el sermón escucha esperanza, lo que no ha oído en muchas semanas. En los grupos informales de estudio conoce gente que está encontrando esa esperanza por ellos mismos. Descubre personas que no son perfectas pero perdonadas, que extienden sus manos a él en amor. Semana tras semana, poco a poco, una persona viene a responderle a Dios y a esas manos de esperanza. Aprende a hablarle a Dios y a oír su palabra. Aprende a participar con otros que se interesan de una forma genuina. A su tiempo la soledad se desvanece. Y la belleza que desalentó al individuo se comienza a desvanecer como una rosa fragante. Pocas cosas son más gratificantes para nosotros que ministramos en la comunión de la iglesia local.

¿Suena demasiado fácil? ¿Demasiado religioso? Le aseguro

que no es fácil ni del otro mundo. En primer lugar hay una gran cantidad de riesgo por su parte. Debe salir de la esclavitud de su capullo. Sí, usted puede aprender a volar pero el capullo se debe ir. Puede aprender a diferenciar la libertad de la soledad pero debe dejar su habitación para buscar una comunión bondadosa. Desafortunadamente, usted no encontrará el afecto en todas las iglesias. Algunos grupos se han convertido en una sociedad de ayuda mutua para los que pagan su cuota más que un faro para los barcos maltratados. Pero no se dé por vencido. Jesús dijo: "Pedid, y se os dará; buscad, y hallaréis; llamad, y se os abrirá. Porque todo aquel que pide, recibe; y el que busca, halla; y al que llama, se le abrirá" (Mt. 7:7-8). Su búsqueda no será en vano.

Una advertencia. Busque el amor cristiano, no el matrimonio. Recuerde, su meta es la reunificación con su cónyuge. Debe mantener todos los caminos abiertos en esa dirección. Mientras tanto, usted necesita el amor y el cuidado de otros. Una vez más, no espere la perfección de aquellos que conoce en la iglesia. Inclusive puede encontrar individuos en la iglesia que tratarán de aprovecharse de usted. La iglesia no se para a la puerta para chequear la personalidad de cada uno que asiste a sus actividades. Como dijo Jesús, la mala hierba y el trigo crecen juntos hasta el tiempo de la cosecha (Mt. 13:24-30).

De todas las instituciones de nuestra nación, no hay una organización mejor equipada para el cuidado de las necesidades de los solitarios que la iglesia. La iglesia ofrece no solo un sistema de ayuda social, sino además ayuda espiritual. Estar correctamente relacionado con Dios y afectuosamente relacionado con sus criaturas es la mejor medicina disponible para la soledad.

Permítame divagar un momento y decir una palabra a los miembros de la iglesia. Debemos aceptar el reto de crear el tipo de hermandad que he descrito arriba. Es trágico cuando las personas heridas vienen a nuestros cultos y se van sin un toque de sanidad. Como una señora mayor dijo: "Me siento en el banco al lado de un cuerpo tibio pero no saco calor. Estoy en la misma fe pero no saco un acto de amor. Cuando se acaba, me voy de la misma forma que entré: Hambrienta por el toque de alguien, alguien que me diga que soy una persona valiosa en algo. Quizá solo una sonrisa lo haría, algún gesto, una señal de que no soy una extraña".[6]

Paul Tournier escribió:

> Es la iglesia, sin embargo, la que puede responder a la tremenda sed del mundo de hoy por la comunidad. Cristo envió a sus discípulos de dos en dos. El gran cuerpo de los cristianos primitivos, de acuerdo con la Biblia "era de un corazón y un alma;... y tenían en común todas las cosas" (Hch. 4:32; 2:44). En vez de demostrar el camino a la amistad hoy, la iglesia parece encarnar el triunfo del individualismo. Los fieles se sientan lado a lado sin ni siquiera conocerse, los ancianos se reúnen en un pequeño parlamento con sus partidos y las formalidades; los pastores hacen su trabajo sin tener relación los unos con los otros.[7]

Que nunca estemos satisfechos hasta que las iglesias con las que ministramos se vean llevando el ministerio de nuestro Señor que dijo: "Venid a mí todos los que estáis trabajados y cargados, y yo os haré descansar" (Mt. 11:28).

Ya sea que encuentre personas en la iglesia, en la comunidad o en la tienda de víveres, usted debe tomar la iniciativa para alcanzar a otros. La soledad social no se irá sencillamente con el paso del tiempo. Necesita la amistad de otros y usted debe tomar la iniciativa en establecer las relaciones. Puede que otros no vengan a usted, pero cuando muestra interés en otros iniciando la conversación, ellos se interesarán en usted. Cuando muestre preocupación por el bienestar de otros, encontrará que esa preocupación le será devuelta. Al edificar relaciones afectuosas, se disipará su soledad emocional.

El título del reflexivo libro de James Johnson proclama mordazmente la verdad: La soledad no es para siempre. Puede que se sienta encerrado en una situación sin esperanza. Usted está separado pero no divorciado. Libre pero herido, pero no para volverse a casar. Solitario y solo. Pero tal y como la separación es un estado temporal, así es la soledad, solo un corredor, un pasillo, no una sala de estar. En uno de los extremos del pasillo está la depresión, la inmovilidad, el dolor y la oscuridad pero en el otro está la vida, el amor y el significado. Usted está en medio del pasillo. Quizá se encuentre yaciendo en el piso llorando. Pero finalmente comenzará a caminar (quizá gateando al principio) hacia la puerta de la esperanza. Justo a través de esa puerta hay algunas personas afectuosas que lo aceptarán como usted está y lo ayudarán a convertirse en lo que usted quiere ser. ¡La soledad no es para siempre!

TAREAS PARA EL CRECIMIENTO

1. Aclare sus sentimientos de soledad social respondiendo lo siguiente:

a) ¿Se siente aislado, excluido de todo lo que tiene valor en el mundo?

b) ¿Ve a otros realizando metas significativas mientras usted está en los estrados mirando?

c) Si pudiera hacer algo en el mundo con su vida, ¿qué le gustaría hacer?

d) ¿Es esa meta realista para usted? Si no, ¿cuál sería una meta realista?

e) Si tuviera que cumplir esa meta, ¿cuál sería el primer paso?

f) ¿Cómo afectará su relación con su cónyuge ese paso?

g) ¿Qué le hará a usted tal paso?

h) ¿Por qué no ese paso y pedirle a Dios que lo dirija a lo que es mejor?

2. Aclare sus sentimientos de soledad emocional respondiendo lo siguiente:

a) ¿Se siente tan emocionalmente solo que no hay nadie con quien pueda compartir sus sentimientos honestos?

b) ¿Qué oportunidad y libertad tiene de dar a conocer sus sentimientos a su cónyuge?

c) ¿Hay un amigo con quien pueda expresarse sin miedo a ser rechazado? Si es así, ¿le ha dicho su actual dolor con ese nuevo amigo? ¿Por qué no hacerlo hoy?

d) ¿Siente la necesidad de desarrollar amistades con otros? ¿Dónde pudiera usted ir para desarrollar tales amistades?

e) ¿Se encuentra en este momento involucrado en una

hermandad cristiana? Si no, ¿qué le impide hacerlo inmediatamente?

3. Si la soledad es aguda y ha sido incapaz de compartir con alguien, haga una cita con un consejero o un pastor, que lo pueda ayudar a ver la situación más objetivamente.

¿Y QUÉ DE MI AMARGURA?

"Estoy tan enojada cuando pienso en él. Cuando pienso en todo lo que me ha hecho, literalmente lo odio. Me pongo tan furiosa cuando pienso en eso. Sé que no es correcto pero no lo puedo evitar". El enojo de esta mujer separada es casi palpable.

"Cuando vi al tipo con el que estaba saliendo", recuerda un hombre en el proceso de divorcio. "Tengo que ser honesto, mi primer pensamiento fue el de matarlos a los dos".

Tales pensamientos y sentimientos no son raros. Los psicólogos indican que un individuo en el proceso de separación y de divorcio va a través de de los mismos estados que experimentaría si una muerte hubiera ocurrido. Uno de esos estados es el peligro. Ese enojo puede dirigirse a sí mismo, a Dios o a un cónyuge y a su vez están dirigidos a los tres. Las emociones humanas se han dividido frecuentemente en tres áreas básicas: El amor, el temor y la hostilidad. El amor es el sentimiento que nos mueve hacia una persona, lugar o cosa. El temor nos aleja de algo o de alguien. La hostilidad es en contra de una persona, lugar o cosa.

Cuando llegamos al punto de la separación, por lo general, uno o ambos cónyuges han perdido sus sentimientos de amor. El temor puede o no ser un sentimiento prominente pero la hostilidad está casi siempre presente. Se nos ha herido. Se nos ha juzgado mal. Nuestros cónyuges son responsables y nuestros sentimientos de hostilidad se dirigen hacia ellos. Queremos contraatacar y hacerlos sufrir como hemos sufrido nosotros.

Por lo general ambos individuos sienten enojo ya que cada uno considera al otro responsable por su dolor. Aunque el enojo es normal, es también destructivo. El enojo puede destruir su objeto pero más frecuentemente destruye a la persona que lo alberga. Si el enojo se puede expresar de una manera sana, puede llevar al cambio deseado pero si se deja arder por dentro, puede ser devastador. El enojo tácito produce la muerte, como un cáncer destruyendo lentamente la fibra de la vida.

La expresión incontrolada del enojo es como una explosión que destruye todo dentro su rango. Echar pestes por la boca, alabar, chillar, gritar, saltar y patear no sirven a ningún propósito constructivo. Tal exabrupto es como un ataque al corazón y puede producir daño permanente.

Si un enojo explosivo es como un ataque al corazón y el enojo reprimido como un cáncer, entonces obviamente nuestra mejor alternativa es el enojo confesado. La palabra reprimido significa "estar de acuerdo con". Cuando confesamos el enojo, estamos de acuerdo con que estamos enojados. No estamos tratando de esconder nuestros sentimientos, ni estamos dándole una completa ventilación a nuestro calor, sino que estamos buscando una forma para que la presión escape.

Las Escrituras son muy claras en este punto. El apóstol Pablo instó: "Airaos, pero no pequéis; no se ponga el sol sobre vuestro enojo, ni deis lugar al diablo" (Ef. 4:26-27). Note que Pablo no dijo: "¡No se enojen!" Eso sería irreal. Todos nosotros experimentamos sentimientos de enojo cuando pensamos que nos han maltratado. Más bien, Pablo dice: "¡En su enojo no pequen!" Que sus sentimientos no los controlen de tal manera que hagan o digan algo tan destructivo y por lo tanto pecaminoso. La implicación es que debemos ser responsables por nuestras acciones aun cuando estamos enojados. Por lo tanto, el reto: Cuando estés enojado, no peques.

El enojo lo hace a uno propenso a un comportamiento pecaminoso. Si hacemos simplemente lo que viene de forma natural, atacamos a la persona o al objeto de nuestro enojo. La mayoría de los asesinatos ocurren en una atmósfera de enojo, embriaguez o a veces ambas. La mayor parte de los asesinos no tenían la intención de matar. Simplemente perdieron el control de sus emociones. He oído a esposos que han abusado de sus esposas físicamente, llorar y repetir: "No era mi intención hacer eso. No era mi intención hacer eso". Los esposos y esposas que abusan del otro verbalmente a menudo dicen después: "Me arrepiento de las cosas que dije".

El reto es rechazar ser controlado por sus sentimientos de enojo. Confiese su enojo a usted, a Dios, a un amigo o a un consejero y a su cónyuge pero no se deje controlar por él. Cuando habla de sus sentimientos con otro, usted disipa el enojo y está más cerca de hacer algo constructivo. El reto de la segunda parte de la carta de Pablo es: No permita que el sol se ponga mientras esté enojado. El enojo no se debe mantener como un huésped permanente. Puede aparecer en el centro del escenario por un breve momento pero no se debe permitir que interrumpa el drama de su vida.

La mejor forma de deshacerse del enojo es confesarlo. La peor cosa que puede hacer es reprimirlo. Cuando se agarra de él y dice que no está enojado, está estableciendo el escenario para una erupción volcánica de proporciones gigantescas. Le está dando al diablo una banqueta donde sentarse.

La amargura no es nada más que el enojo reprimido. Es el enojo asido por tanto tiempo que se convierte en una manera fija de pensar y de sentir. Se encierra en pensamientos constantes de cómo pudiera hacerle daño a su cónyuge. Pone el disco de los fracasos pasados una y otra vez. Cada vez siente la herida, el dolor, el enojo como si hubiera acabado de suceder. Una y otra vez se hace las mismas preguntas y recibe las mismas respuestas. La grabación se pone hasta que la hendidura se graba profundamente dentro de su mente. El enojo se ha desarrollado en amargura y usted ahora se llena con la malignidad del odio. Nadie puede abrazar el enojo sin infectarse con la amargura y con el odio.

La libertad del perdón

Si su enojo se ha desarrollado en amargura, probablemente usted necesita la ayuda de un consejero o un pastor para auxiliarle a extraer la infección y llevarlo a las aguas del perdón de Dios. Sí, usted tiene el derecho de sentirse enojado pero no tiene el derecho de destruir una de las criaturas de Dios: Usted mismo. En la Biblia la amargura siempre se ve como un pecado. El sentimiento del enojo no se puede abolir pero la amargura se obtiene de la elección diaria de permitir que el enojo viva en su corazón. De este modo leemos: "Abandonen toda amargura, ira y enojo, gritos y calumnias, y toda forma de malicia" (Ef. 4:31, NVI). Debemos confesar la amargura como un pecado y aceptar el perdón de Dios.

Debemos notar que una confesión de la amargura hecha una sola vez puede que no alivie todos los sentimientos hostiles. Si la amargura ha estado ahí por un largo tiempo, los sentimientos que acompaña a la amargura pueden morir lentamente. ¿Qué hace cuando los pensamientos de enojo y de amargura regresan? Reconozca esos pensamientos y sentimientos ante Dios y declare su compromiso de perdonar. Una oración apropiada pudiera ser: "Padre, conoces mis pensamientos y sentimientos pero te doy las gracias porque con tu ayuda, no mantengo esas cosas en contra de mi cónyuge. Ahora ayúdame mientras salgo para ser un agente de tu amor". El perdón necesitará ser una disciplina diaria y usted debe rechazar abrigar el resentimiento. Al practicar el perdón, el enojo, los pensamientos amargos y los sentimientos tendrán lugar cada vez menos frecuentemente.

Una vez liberado de la amargura, se nos reta: "Antes sed benignos unos con otros... Sed, pues, imitadores de Dios" (Ef. 4:32-5:1). No debemos detenernos en el reconocimiento de nuestra amargura y aceptar el perdón de Dios. Debemos, además liberar nuestro enojo y nuestros cónyuges y pedirle a Dios que nos llene con amor en lugar de odio. Dios no está solamente preocupado que estemos libres del enojo, sino que seamos agentes de amor y de amabilidad como consideramos antes.

Ese es el maravilloso mensaje de la Biblia. Dios no quiere que nosotros estemos esclavizados a ninguna emoción negativa.

Más bien, Él quiere que nosotros tengamos tal relación de amor con Él que se derrame sobre nuestras relaciones. Debemos buscar resolver los conflictos. Si nuestros cónyuges no nos ayudan a tratar con ese conflicto, debemos rechazar ser víctimas del enojo. Podemos permitirle al enoje que entre a nuestras vidas pero no podemos dejarlo que haga residencia.

El peligro de la represalia

La amargura incontrolada tiene una forma de fomentar la revancha. Cuando cedemos al espíritu de "estar parejo", estamos violando la clara enseñanza de la Escritura. Pablo dice: "No paguéis a nadie mal por mal; procurad lo bueno delante de todos los hombres... No os venguéis vosotros mismos, amados míos, sino dejad lugar a la ira de Dios; porque escrito está: Mía es la venganza, yo pagaré, dice el Señor" (Ro. 12:17, 19). Puede que su cónyuge le haya engañado pero no es su responsabilidad castigarlo por su pecado. Él debe enfrentase a Dios con su pecado y Dios es un juez justo.

De nuevo Pablo dice a los cristianos tesalónicos: "Mirad que ninguno pague a otro mal por mal; antes seguid siempre lo bueno unos para con otros, y para con todos" (1 Ts. 5:15). El énfasis es en buscar eso que es bueno para su cónyuge, no tomar revancha. Buscar el bien para él no es lo mismo que pasar por alto su pecado. No es bueno permitir que su cónyuge continúe con un estilo de vida irresponsable y pecaminoso. Usted debe buscar su bien, no con amenazas de enojo sino con admoniciones amables.

El enojo y la amargura se expresan a menudo con explosiones verbales: "Hable cuando esté enojado", dijo Ambrose Bierce, "y hará el mejor discurso del cual siempre se arrepentirá". Las represalias verbales no logran ningún propósito constructivo. Mucho mejor es confesar que estamos enojados y por lo tanto no podemos discutir el asunto positivamente, y preferimos esperar hasta que podamos manejar nuestros sentimientos. Los asuntos necesitan ser resueltos pero no encontraremos solución en el calor del enojo.

No se condene por sentirse enojado. El sentimiento indica que usted es un miembro de la raza humana. Tiene la capacidad de verse profundamente movido hacia algo que usted piensa que es importante. ¡Maravilloso! Deje que esa preocupación le lleve a una acción constructiva. No se esclavice a su enojo y haga algo que empeore la situación. Reconozca sus sentimientos de enojo ante Dios y ante un amigo y pídale a ambos que lo ayuden a responder de forma creativa y redentora a la situación.

TAREAS PARA EL CRECIMIENTO

1. Exprese su enojo por escrito. Pídale a Dios que lo guíe mientras trata de expresar sus sentimientos. Puede comenzar: "Estoy enojado porque…"
2. Piense en un amigo que sea objetivo y al que pueda leerle lo que ha escrito. Pídale que lo escuche mientras le lee y entonces lo ayude a encontrar formas constructivas para tratar el asunto.
3. ¿Siente que ha permitido que su enojo se convierta en amargura? Si es así, ¿está deseoso de confesarlo como un pecado y aceptar el perdón de Dios?
4. Si nunca ha invitado a Jesucristo a entrar en su vida,

mientras confiesa su pecado, ¿por qué no invitarlo a que entre en su vida y darle el poder para que trate con su problema?

5. Para ayuda adicional en procesar el enojo vea Gary Chapman, *La otra cara del amor*, publicado por Editorial Portavoz.

SI SU CÓNYUGE REGRESA

A veces un individuo le dice a su pareja: "Quiero que seas feliz. Si irte te hace feliz, entonces vete. Duele pero quiero que seas feliz". En la superficie, eso puede sonar muy amoroso y abnegado pero en realidad no es ninguno de los dos. El amor busca el bien del cónyuge. De acuerdo con las Escrituras, no es bueno que se rompan sus votos matrimoniales e irse. Por lo tanto, no se les debe alentar a hacerlo.

La justicia, no la felicidad lleva al mayor bien del hombre. Si la felicidad se encuentra haciendo lo que es malo, esa felicidad será ciertamente momentánea. Los placeres del pecado son momentáneos. De este modo, el cristiano nunca debe alentar a su cónyuge a irse en persecución de la felicidad. En su lugar, debe alentar la justicia. ¿Qué nos enseña la Biblia a hacer en nuestra actual situación? ¿Qué es lo correcto desde la perspectiva de Dios? Si no está dispuesto a responder esas preguntas, entonces debe buscar ayuda de un pastor piadoso que esté relacionado con los principios bíblicos para las relaciones personales. Una vez que conocemos lo que es correcto, entonces debemos buscarlo a toda costa.

La elección de regresar

Hacer lo que es correcto puede que no sea la ruta más fácil pero siempre será la mejor ruta. Puede parecer más fácil perseguir su propia felicidad que trabajar para la reconciliar las diferencias y redescubrir el amor. Puede ser mucho más difícil mantenerse unidos que separarse, especialmente cuando los sentimientos de amor se han marchado. El llamado cristiano no es hacia un camino fácil, sino al camino correcto. Le puedo prometer que el camino correcto lleva a la felicidad y al amor después del dolor de la reconciliación.

La elección del regreso a su cónyuge y buscar la reconciliación es un paso de fe. Pero no es una fe ciega. Es una fe basada en el consejo de Dios. Usted no puede ver el cálido amor emocional regresar. No puede ver las diferencias resueltas. No puede ver la intimidad que desea de un matrimonio. Usted debe dar los primeros pasos, por lo tanto, por fe, no por vista. Con su mano en la mano de Dios, usted debe caminar con Él, confiando en su sabiduría. Lo que ve será solo a través de la fe. Al hacerlo, usted camina la senda junto con los grandes hombres y mujeres del pasado.

Tome a Moisés, por ejemplo. "Por la fe Moisés, hecho ya grande, rehusó llamarse hijo de la hija de Faraón, escogiendo antes ser maltratado con el pueblo de Dios, que gozar de los deleites temporales del pecado, teniendo por mayores riquezas el vituperio de Cristo que los tesoros de los egipcios; porque tenía puesta la mirada en el galardón" (He. 11:24-26). Moisés se crió en la casa de Faraón. Estaba en la cola para la riqueza y el prestigio en Egipto pero el plan de Dios era llamarlo a liberar a sus amigos israelitas. Por la fe, Moisés eligió caminar con Dios. La única seguridad que él tenía para que las cosas salieran mejor era la promesa de Dios. Esa es la seguridad que usted tiene. ¿Necesita más?

La reconciliación exige una elección. Es la elección en contra de la continua separación y en última instancia el divorcio. Es una elección para reafirmar sus votos matrimoniales y descubrir la intimidad y el cumplimento que Dios tiene en mente cuando instituyó el matrimonio. No es una elección para ir atrás al tipo de relación que tenía cuando estaba separado, sino para trabajar para establecer algo mucho más significativo.

La elección de la reconciliación no es popular en nuestros días. Miles de voces buscarán atraerlo a la supuesta felicidad del divorcio y de un nuevo matrimonio. Otros lo llamarán para que se les una en el sexo sin compromiso. Usted está en una encrucijada. La decisión es suya. Robert Frost describió el significado de las decisiones cuando escribió:

> Dos caminos divergieron en un bosque amarillo
> Y triste no pude ir por ambos
> Y ser un viajero, por mucho tiempo me detuve
> Y miré a uno tan lejos como pude
> Hacia donde curvaba bajo tierra;
>
> Entonces tomé el otro, tan justo como claro,
> Y quizás al tener el mejor clamor,
> Porque estaba cubierto de hierba y quería ser usado,

Aunque en cuanto a eso, el pasar ahí,
Casi lo mismo los había usado,

Y ambos esa mañana de la misma manera yacían,
En las hojas ningún paso lo había pisado
¡Oh, mantuve el primero por otro día!
Mas sabiendo cómo un camino lleva a otro camino,
Dudé si alguna vez regresaría.

Debería estar diciendo esto con un suspiro
En algún sitio hace eras y eras:
Dos caminos divergen en un bosque,
Y yo... tomé por el que menos se había andado
Y eso ha cambiado todas las cosas.[1]

La reconciliación es el camino menos andado pero también
el que cambia las cosas.

Pasos en la reconciliación

Asumamos que usted ha hecho su selección a favor de la
reconciliación. Permítame caminar con usted por ese camino
"menos andado". Primero, antes de que tome otro paso, ¿por
qué no decirle a Dios su decisión? Sí, Él conoce su corazón y
por lo tanto su decisión pero Dios es una persona y le gusta
oír su voz. Puede ser embarazoso orar en voz alta si no está
habituado a tal conversación con su cónyuge pero continúe.
Dígale de su decisión de buscar la reconciliación con su
cónyuge, dónde ha estado, lo que usted ha hecho. Confiese
sus fracasos y pídale a Dios su ayuda. (Recuerde: Él no va

a forzar a su cónyuge a ser recíproco, pero lo va a capacitar para ser bondadoso en sus intentos.) Pídale que lo cambie en la persona que Él quiere que usted sea. Pida guía mientras camina el camino de la reconciliación.

Con la seguridad del perdón de Dios y la ayuda de Él, usted ahora le quiere hablar a su cónyuge de su decisión. Si es posible, se debe hacer en persona y no por teléfono. Quizá puede llamar a su cónyuge e invitarlo a comer. Si está renuente, dígale que usted tiene algo muy importante que le gustaría discutir con él o ella. Si insiste que se lo diga por teléfono, entonces indíquele que es demasiado importante para hablarlo por teléfono. Si no puede comer con usted ahora, sugiera que los dos se pudieran reunir en una semana más o menos. No presione a su cónyuge a que lo acompañe a comer. Exprese entendimiento con su renuencia pero asegúrele que llamará de nuevo dentro de una semana aproximadamente. Pase la semana orando para que Dios estimule su voluntad. De nuevo, Dios no forzará la decisión pero Él alentará y motivará.

La mayoría de los cónyuges encontrarán fácil de arreglar la cena. Si su cónyuge no está de acuerdo en verlo, continúe orando y llamando cada dos o tres semanas. No le diga su decisión por teléfono. Su persistencia y paciencia le indicará finalmente su seriedad. Cuando finalmente le exprese su decisión de buscar la reconciliación, él o ella probablemente lo tomará más en serio. Puede ser que Dios use el tiempo intermedio para prepararlo(a) para lo que tiene que decir.

Durante o después de la comida, dígale a su cónyuge que ha estado pensando y orando acerca de su matrimonio. Indique que se está entendiendo más plenamente y que las emociones y actitudes han controlado mucho su comportamiento. Dígale que ha llegado a darse cuenta de que no tiene que ser un esclavo de sus sentimientos y que las actitudes se pueden cambiar. Admita que ha fallado en muchas formas y pida perdón por esos fracasos.

Dígale a su cónyuge que ha estado leyendo un libro que ha estimulado su pensamiento y le ha ayudado a tomar la decisión de que quiere trabajar en la restauración de su matrimonio. Puede decir: "Sé que no seré capaz de hacer esto sin tu ayuda. Entiendo si te sientes renuente. Sé que no hay mucho en el pasado que pueda alentarte a intentarlo de nuevo. Pero no quiero que lo intentemos como lo hemos intentado en el pasado. Quiero que nos esforcemos en algo más significativo de lo que hemos hecho alguna vez. Quiero que tomemos lo pasos que sean necesarios para obtener un entendimiento propio y comprendernos a nosotros mismos. Sé que llevará mucho trabajo y que puede ser doloroso pero estoy deseoso de hacer lo que sea necesario".

Indique que no espera una respuesta inmediata. Usted quiere que él o ella piense y que ore por ello. Puede darle un ejemplar de este libro *Esperanza para los separados* y sugerirle que lo lea. Dígale que al leer el libro quizás entenderá algunas de las cosas que ha estado pensando y de la decisión para la reconciliación. Sugiera que después que su cónyuge tenga suficiente tiempo para pensar, leer y orar, que él o ella lo(a) llame y arreglar para unirse a usted de nuevo para discutir las cosas un poco más.

Cuando ambos están deseosos.

En el capítulo 11 discutiremos si su cónyuge no está deseoso(a) de trabajar hacia la reconciliación. En este capítulo, permítame asumir que su cónyuge responde afirmativamente. Él o ella está tan deseoso(a) para trabajar en la restauración del sueño que usted tenía cuando se casaron. ¿Debería mudarse al mismo apartamento o casa inmediatamente? Es probable que no. Recuerde, su objetivo no es "estar juntos" El objetivo es el renacimiento de su matrimonio. Los conflictos, las frustraciones, los malos entendidos y las necesidades no satisfechas que los llevaron a separarse se deben examinar y resolverse.

Para la mayoría de las parejas, el proceso de restauración requerirá los servicios de un pastor o de un consejero matrimonial. Necesita desarrollar habilidades al expresar sus sentimientos de una manera constructiva. Debe llegar a comprender y apreciar los sentimientos de su cónyuge. Debe encontrar las formas de satisfacer las necesidades emocionales y físicas del otro. Los consejeros matrimoniales y muchos pastores están entrenados para ayudarle a desarrollar tales habilidades.

Si está asistiendo a una iglesia, ¿por qué no llamar a su ministro y decirle su decisión de buscar la reconciliación y pedirle si tendría tiempo de ayudarle a aprender a relacionarse de forma creativa, o si pudiera recomendar a alguien que pudiera? No todos los ministros son expertos en consejo matrimonial pero la mayoría podrá dirigirlo a buscar ayuda si ellos no lo pueden auxiliar. Mientras se encuentra con el pastor o con el consejero matrimonial y desarrolla sus habilidades de comunicación, comenzará a sentir la libertad en su relación. Comenzará a sentirse más comprensivo. Comenzará a alcanzar acuerdos en aspectos que han sido conflictos no resueltos. Se darán la libertad de no estar de acuerdo con ciertos aspectos y sin embargo ser amables y cariñoso el uno con el otro.

Mientras observa que tal crecimiento se lleva a cabo, le gustaría discutir y decidir cuando debería mudarse al apartamento o a la casa. No hay una regla precisa; algunas parejas estarán listas para mudarse juntos después de tres o cuatro sesiones con el consejero o el pastor. Para otros, será después de doce o más sesiones. No deje de ver al consejero cuando regrese. Ese es un momento importante. Traerá algunas presiones de más y usted necesitará concentrarse en una comunicación abierta y cariñosa durante esos días. Continúe con su consejería hasta que sienta que ha tratado adecuadamente el conflicto no resuelto y desarrollado habilidades en manejar los desacuerdos. Las habilidades de comunicación que aprenda serán importantes para el resto de su vida. No debe desatenderlas cuando se acabe la crisis de la separación.

Algunas parejas no podrán adquirir los servicios de un consejero entrenado. Afortunadamente, otras fuentes de ayudas están disponibles. Libros cristianos, cintas y talleres matrimoniales están al alcance de casi todas las parejas hoy. Mi libro *El matrimonio que siempre ha deseado* (Editorial Portavoz) se escribió para ayudar a las parejas a trabajar a través de todas las áreas para el ajuste marital y ayudar a encontrar principios para vivir. Al final de cada capítulo hay tareas prácticas que estimulan la comunicación y el entendimiento. Sugiero que una pareja lea un capítulo cada día y complete las tareas individualmente y entonces discutan las tareas cada uno. Muchas parejas separadas encuentran ese proceso muy beneficioso para reconstruir sus matrimonios.

Para sugerencias en restaurarle el amor emocional a un matrimonio, recomiendo mi libro *Los cinco lenguajes del amor*. El libro lo ayudará a identificar el primer lenguaje del amor de su cónyuge. Es hablando en el lenguaje del amor de su cónyuge que el cariño del amor regresa. Cuando uno habla el lenguaje del amor del otro, comunicamos cuidado y amor. Además aprendemos a llenar "el tanque de amor" de cada uno, el cual crea un clima para resolver nuestros conflictos y volver a ser amigos.

Muchas iglesias patrocinan talleres y seminarios sobre el matrimonio como parte de sus programas educacionales. Pregúntele a su pastor cuál está disponible en su iglesia. Además hable con amigos cristianos acerca de lo que se encuentra disponible en sus iglesias. Alguna iglesia en su comunidad probablemente tenga un programa que le sería de ayuda mientras busca auxilio para reconstruir su matrimonio.

Al leer un libro o escuchar una conferencia grabada, el valor no está solamente en las ideas expresadas, sino en la comunicación que estimulan. Las parejas deben tomar notas mientras escuchan y subrayar mientras leen y entonces decirse lo que les impresionó. Mientras que se hablan busquen entender lo que su cónyuge está diciendo y sintiendo. Haga preguntas para aclarar, tal como: "¿Estás diciendo…?" Repita lo que cree que su cónyuge dijo y déle una oportunidad para aclarar. Exprese amor aun cuando no estén de acuerdo. Recuerde, su objetivo en la comunicación es entender a su cónyuge, descubrir las necesidades y averiguar cómo puede satisfacer esas necesidades. Si el esposo y la esposa se concentran en la realización de cada uno, no tomará mucho tiempo en que su matrimonio sobrepase sus sueños más sinceros.

Los patrones de crecimiento que estableció a través de la consejería o de la lectura y al asistir a los talleres deben convertirse en una parte permanente de su relación. Los matrimonios no son estáticos. O crecen o disminuyen. Usted debe continuar haciendo el tipo de cosas que estimule el crecimiento. La meta final no es un matrimonio "perfecto", sino un matrimonio que crezca. Lo perfecto es difícil de definir; aun si lo alcanzáramos, la perfección sería momentánea. El crecimiento es alcanzable hoy y todos los días. Si está creciendo hay esperanza, emoción y realización. Tal crecimiento debe continuar mientras que usted viva.

Permita que la relación en el matrimonio sea la cosa más importante de su vida. Dense el lugar número uno a sus pensamientos. Mantenga a Dios en el centro de su relación. Hagan algo cada día para que cada uno se expresarse el amor. Minimice las flaquezas de su cónyuge; maximice sus fortalezas. Alardee de sus logros y él se superará. Ame y lo amarán. Aplique a sus matrimonio la regla de oro de todas las relaciones humanas: "Así que, todas las cosas que queráis que los hombres hagan con vosotros, así también haced vosotros con ellos…" (Mt. 7:12).

TAREAS PARA EL CRECIMIENTO

1. Ninguno, incluso Dios, lo forzará a regresar a su matrimonio. Esa es una decisión que solo usted puede tomar. Pero si se decide, tendrá toda la ayuda de Dios a su disposición. Usted ha hablado y observado a muchos que han experimentado el divorcio. ¿Estaría deseoso(a) de encontrar una pareja que tenga un buen matrimonio y preguntarle cómo lo lograron? Quizá pudiera entrevistar a varias parejas casadas

y preguntarles cuáles problemas han vencido para encontrar la realización.

2. Si se decide a tomar el camino "menos transitado" pudiera usar la lista de control que aparece debajo:

Pasos que hemos tomado: *Fecha*

Hice mi decisión para buscar la
reconciliación   _____

Hablé con Dios acerca de mi decisión
y le pedí su ayuda   _____

Llamé a mi cónyuge y le pedí una
cita para comer   _____

El cónyuge aceptó la invitación   _____

Referí mi decisión a mi cónyuge   _____

Pasos que hemos tomado: *Fecha*

Cónyuge estuvo de acuerdo en buscar
la reconciliación   _____

Fijé una sesión con el pastor o
consejero   _____

Hice las tareas confeccionadas por el
consejero   _____

Sesiones de consejerías adicionales   _____

Tareas adicionales completadas para
la comunicación   _____

Me mudé al mismo apartamento o a
la casa con mi cónyuge   _____

Sesiones adicionales de consejería   _____

Tareas adicionales completas de
comunicación   _____

Libros que hemos leído y discutido:

   1. _____
   2. _____
   3. _____
   4. _____
   5. _____

Cintas sobre matrimonio que hemos escuchado y discutido:

   1. _____
   2. _____
   3. _____
   4. _____
   5. _____

Talleres de matrimonio, seminarios o clases a las que hemos asistido:

   1. _____
   2. _____
   3. _____
   4. _____
   5. _____

SI SU CÓNYUGE LE EXIGE EL DIVORCIO

La reconciliación no siempre es posible. Sus mejores esfuerzos se pueden encontrar con la frialdad, la hostilidad y finalmente con el fracaso. Aun Dios no siempre pudo reconciliarse con su pueblo. "Ella vio que por haber fornicado la rebelde Israel, yo la había despedido y dado carta de repudio" (Jer. 3:8). La reconciliación no siempre es posible porque requiere la respuesta de dos personas, ninguno puede forzar al otro a que regrese.

La libertad humana es real. Dios no forzaría a que Israel regresara. Le puso presión a la nación permitiendo que sus enemigos triunfaran. Quitó su mano de bendición pero Dios no obligó a que Israel regresara. Dios nunca quitará la elección de libertad del hombre. Debemos recordar eso mientras oramos. Muchos cristianos que están separados han orado y le han suplicado a Dios: "Tráeme de regreso a mi cónyuge". Su cónyuge no ha regresado, así que el cristiano se ha desalentado y concluye que Dios no le ha respondido su oración. Muchos se han vuelto hostiles hacia Dios y críticos a la iglesia y a la cristiandad y de ese modo se han alejado de su única verdadera fuente de ayuda. Pero Dios no va a forzar a que su cónyuge regrese. Él, en respuesta a sus oraciones, lo(a) presionará para que busque la reconciliación pero su cónyuge puede que aún se rebele en contra del llamado de Dios y de sus mejores esfuerzos.

¿La posibilidad de fracaso quiere decir que no debemos intentarlo? La enseñanza completa de la Biblia se encuentra en la posición opuesta a una actitud de ser inútiles. Dios nunca renuncia a su pueblo y la historia está repleta de ejemplos genuinos de restauración espiritual. La restauración marital amerita el riesgo del fracaso.

La actitud de usted es importante. No diga: "Pudiera fallar", más bien: "Pudiera tener éxito". Pocas metas lo merecen más que la restauración de su matrimonio. Si puede descubrir no lo que tuvo antes de la separación, sino lo que usted soñó en tener cuando estaba casado, sus esfuerzos serán recompensados. Nunca me he encontrado con un individuo que sincera, consecuente y amorosamente haya intentado las cosas que sugerí y se haya arrepentido del esfuerzo. He conocido cantidades de individuos que han triunfado y hoy se encuentran felizmente de regreso con sus parejas y creciendo con ellas.

A través de este libro he tratado de ser realista indicando que usted no puede controlar la respuesta de su pareja. Usted es el guarda de su propio corazón y responsable de sus propias palabras y acciones. He indicado que el ideal bíblico lo llama a buscar la reconciliación. Usted debe enfrentarse a Dios con buena disposición o con rechazo para buscar ese ideal.

Su cónyuge tiene la misma responsabilidad. Su selección a la reconciliación no garantiza que su cónyuge le corresponda. Él o ella están libres de elegir.

¿Debo refutar el divorcio?

Si su pareja exige el divorcio, hay poco que pueda ganar, de ser posible, al refutar tal acción. Hubo un tiempo cuando la mayoría de los estados requerían evidencia de esfuerzos en la conciliación antes de que un divorcio se otorgara. Esto ya no es cierto. Muchos consejeros están de acuerdo que los esfuerzos obligados para la reconciliación traen poco provecho, porque la armonía de las vidas requiere elección, no coerción. Las leyes de divorcio en la mayoría de los estados son muy liberales y los esfuerzos resultarían en poco, excepto en honorarios legales caros.

Refutar el divorcio es simplemente un paso legal en el cual una parte prueba que la otra no tiene justificaciones para el divorcio. Eso era factible cuando las leyes de un estado permitían el divorcio solo sobre la base de demencia, adulterio o abandono. Hoy, sin embargo, todos los estados tienen alguna forma de ley de divorcio sin culpa. Tales acciones a lo sumo solo disminuye el proceso un poco. Usted puede pedir tiempo y algunos estados requieren inclusive una separación pero buscar frustrar el divorcio es inútil.

Puede parecer injusto que si un cónyuge exige el divorcio usted tenga poca elección excepto seguir con esa elección pero tal es la naturaleza humana en las relaciones. No podemos forzar a nadie a que sea nuestro amigo. La amistad es una elección mutua entre dos personas. Si una elige disolver la amistad, la otra está imposibilitada en mantenerla viva. El matrimonio es la más íntima de las amistades y este requiere también acción recíproca.

No puede forzar la reconciliación porque debido a su misma naturaleza la reconciliación requiere de dos personas. El divorcio, sin embargo, que literalmente significa "desunir" solo requiere de la acción de una persona. Si una desea la unión y la otra la desunión, la que desea la desunión se mantiene arriba porque la unión es imposible sin su consentimiento.

¿Necesito un abogado?

El divorcio no solo fragmenta una relación emocional y física, sino también un contrato legal. Cada estado tiene sus propias leyes y regulaciones en lo que respecta a la disolución del contrato matrimonial. En la mayoría de los casos se necesitará un abogado para que interprete las leyes y guíe en el proceso. En 1969 California comenzó un proceso sin fiscal y sin abogado a parejas sin hijos y sin bienes raíces, menos de $5.000 en propiedad y menos de $2.000 en deuda. Ese procedimiento de racionalización del divorcio costó solo de cuarenta a cincuenta dólares en honorarios judiciales. Otros cuarenta y siete estados siguieron el ejemplo de California durante los siguientes veinte años.[1] Tales leyes de divorcio sin culpa tienden a conceder la propiedad equitativa al esposo y a la esposa, asumiendo que ambos trabajarán y se mantendrán en el futuro.

Con el paso del tiempo, las leyes del divorcio sin culpa resultaron ser injustas para las mujeres y los hijos. A finales de los ochenta, California hizo cambios para corregir esta iniquidad y los otros estados han hecho o están haciendo cambios similares. Ahora, la culpa puede ser un factor al otorgar propiedad, apoyo a los hijos y pensión alimenticia en la mayoría de los estados. Debido a que las leyes difieren de estado a estado, la mayoría de las parejas necesitarán un abogado que les guíe en los aspectos legales del divorcio.

¿Necesitan los esposos abogados separados? Si su cónyuge se está divorciando de usted, el abogado de él o ella representará los intereses de su cónyuge. Si ha tenido problemas en ponerse de acuerdo en las finanzas y en los asuntos relacionados con los hijos, entonces usted definitivamente necesitará un abogado que represente sus intereses. Si usted y su cónyuge pueden ponerse de acuerdo en un convenio equitativo, entonces un fiscal puede representarlos a ambos. Antes de ponerse de acuerdo con un fiscal, sin embargo, puede hacer una visita a la biblioteca pública y leer algunos de los libros y folletos sobre los aspectos legales del divorcio. Además, podría hablar con algunos amigos que han experimentado el divorcio. Esto le dará una idea más realista de lo que se involucra en un convenio equitativo.

Nuestras emociones menudo obstaculizan alcanzar un acuerdo satisfactorio. Ann Diamond, una abogada de divorcio, ha enumerado las siguientes situaciones en la que las emociones afectan un acuerdo justo:

- Un cónyuge rechazado, incapaz de aceptar la irrevocabilidad de la separación, puede estar de acuerdo en casi cualquier exigencia de la otra parte con la esperanza de que facilitará una reconciliación.
- Una mujer acostumbrada a que su esposo haga todas

las decisiones importantes continuará buscándolo para que le dé consejos, aunque la haya dejado y no esté interesado en protegerla más.

- La pareja pasiva que ha sufrido por mucho tiempo, a menudo busca enmendar en el acuerdo todos los sufrimientos de la pasada relación, auto inflingida o no.
- Cuando la ruptura es repentina, el cónyuge rechazado puede estar tan traumatizado que él o más frecuentemente ella, es incapaz de hacer estimados realistas de cualquiera necesidad financiera futura.
- El cónyuge que se quiere ir se siente tan culpable que él o ella tratará de compensar siendo demasiado generoso en la división de la propiedad y estar de acuerdo en pagar o recibir los pagos de manutención que son demasiado altos o demasiado bajos. El resentimiento subsiguiente que puede estallar en largo tiempo solo hará que los problemas sean mayores para los dos.
- Porque la pareja rechazada puede estar demasiado deprimida para enfrentar cualquiera presión adicional, él o ella consentirá en cualquier ajuste solo para acabar con el asunto.
- Un cónyuge puede usar a los hijos como un medio para castigar y estar parejo con la pareja que rechaza.[2]

Puede que necesite no solo ayuda legal sino también emocional al decidir los detalles del acuerdo. Como cristiano, no querrá usar el acuerdo como algo para castigar a su cónyuge. Por otra parte, usted debe ser realista acerca de las necesidades de sus hijos.

¿Y qué de los niños?

Dígale a los niños la verdad acerca de su separación y del divorcio inminente. No trate de protegerlo mintiéndoles. Finalmente aprenderán la verdad y si les ha mentido, su confianza en usted disminuirá. Sencillamente y con los menos adornos posibles, dígale a los hijos lo que le ha sucedido a su matrimonio. Idealmente, ambos padres deben hablar juntos con los hijos y decirles su decisión de divorciarse. Asegúreles de su amor y dígales que ellos no produjeron el divorcio. Si su cónyuge no está deseoso(a) de unirse a hablar con los hijos, entonces usted debe hacerlo solo(a) y confiar en que su cónyuge hablará con ellos más adelante.

Es muy importante que el niño sienta su amor. La necesidad de amar y ser amado es una de la emociones más fuerte de los humanos. En la niñez, la necesidad de ser amado se relaciona directamente relacionada con al sentido de seguridad del niño. Sin amor, el niño se sentirá emocionalmente inseguro. No suponga que su hijo se siente amado solo porque le dice: "Te amo". El Nuevo Testamento nos reta a amar no solamente de palabras sino en acción (1 Jn. 3:18). Averigüe lo que hace que su hijo se sienta amado. Para algunos niños es sentarse al lado de ellos y hablarles; para otros es hacerles cosas especiales. Otros se sienten amados cuando les da regalos inesperados (eso se puede usar también para explotar a los padres), mientras que otros responden al ser asidos físicamente. Por supuesto, usted también les dirá las palabras: "Te amo" con frecuencia.[3]

Ambos padres deben expresarle amor al niño de una manera que el niño entienda. Sin embargo, si un padre no expresa amor, el otro padre puede hacer poco asegurándole verbalmente al niño, que el padre que no siente amor lo ama. Para los niños las acciones hablan más que las palabras. Es un amor barato cuya evidencia es la palabra de otro.

Si un niño le dice a la madre: "Papá ya no me ama, ¿verdad?" La madre preocupada le responderá: "¿Por qué dices eso?" Después que el niño ha expresado sus decepciones, la madre podría preguntarle: "¿De qué manera tú quieres que papá te muestre amor?" La respuesta a esa pregunta se le debe comunicar al padre, no de una manera condenatoria, sino como información. Al padre o a la madre que se ha ido yo le diría: "Tú te has divorciado de tu cónyuge. Por favor, no te divorcies de tus hijos. Ellos necesitan de tu amor".

Una segunda necesidad emocional del niño es la disciplina. Un niño necesita límites para que se sienta seguro. A veces un padre divorciado inconscientemente tratará de compensar la pérdida consintiendo al niño. Si usted cede a cada deseo de su hijo, pronto será su sirviente y él crecerá esperando que otros le sirvan. El problema con el "complejo de rey" (el sentimiento que espera que todo el mundo le sirva) es que no hay muchas aperturas para los reyes en nuestra sociedad. El padre que críe un "rey" está criando un inadaptado social.

Su hijo necesita la seguridad de las restricciones. Si ambos padres pueden estar de acuerdo con los patrones básicos de conducta, mucho mejor. Tales cosas como hora de irse a la cama, hábitos de estudio, qué cantidad y tipos de programas de televisión ver, indulgencia con los dulces, práctica de piano y modales a la mesa se pueden acordar por los padres que toman seriamente la tarea de criar a un niño responsable. Cuando las normas son diferentes en los lugares de residencia el niño puede obtener mayor libertad dada por un padre pero perderá la seguridad de los límites firmes. Si usted no se puede poner de acuerdo con su cónyuge sobre ciertos límites, entonces por lo menos sea consistente con sus diferencias. No cambie las reglas constantemente. Tal incoherencia es emocionalmente frustrante para el niño.

Un escollo común entre los padres divorciados es el de permitir que sus propias necesidades gobiernen sus acciones hacia los hijos. Por ejemplo, un padre podría utilizar una exorbitante cantidad de regalos para ganarse el amor del hijo y de ese modo satisfacer su propia necesidad de ser amado. O un padre podría menospreciar al otro frente al hijo. Debemos analizar nuestras acciones para determinar su propósito. El bienestar del niño debe ser la norma objetiva por la cual juzgamos nuestro comportamiento.

En los primeros días de la separación, el padre residente debe buscar mantener la rutina de los hijos lo más normal posible. Cuando sea posible, el padre residente debe mantenerse en la casa o apartamento por lo menos algunos meses. El divorcio es lo bastante traumático. Mudarse a nuevos vecindarios, cambiar de escuela, sencillamente agravan los sentimientos de seguridad en el niño. Si la mudanza es necesaria, trate de mantener lo más posible los patrones de vida establecidos. Tales cosas como leer historias, jugar y orar juntos traen sentimientos afectuosos aun en un lugar extraño.

El padre residente debe darle la bienvenida al no residente en la participación de las vidas de los hijos. La mayoría de los acuerdos darán pautas para el tiempo del padre no residente con los hijos. Es importante recordar que los dos individuos son aún padres y aunque los roles cambiaron, ambos deben mantener las relaciones con los hijos. Las excepciones pueden ser cuando un padre está física o emocionalmente incapacitado para relacionarse de forma constructiva con los hijos. Esto puede ser debido a abuso del alcohol o de las drogas, maltrato físico o sexual de los hijos o incompetencia mental. En tales casos, el padre residente podría buscar consejo de un abogado o de un consejero para ver cómo responder a la situación en particular.

Los amigos, familiares y la familia de la iglesia pueden ser de un valor incalculable a los hijos de los padres divorciados. Los abuelos pueden servir de modelos cuando el padre, por cualquiera que sea la situación, sea incapaz de pasar tiempo con los hijos. Las tías y los tíos a veces están deseosos de tener de visita a los muchachos por periodos extensos. Los amigos pueden ser capaces de comenzar a pasar tiempo útil con lo niños y enseñarles habilidades específicas. Más y más iglesias están comenzando a responder a las necesidades del padre soltero. Talleres, seminarios, libros, cintas y personal de consejería están disponibles ahora en muchas iglesias. No vacile en pedirles a los amigos y a los parientes ayuda si piensa que son capaces de hacerlo. Muchos están deseosos pero vacilan en tomar la iniciativa.

Vivir en un hogar de divorciados no es ideal para los hijos pero entonces, mucho de la vida se debe vivir en un lugar menos que ideal. Sea positivo. Haga lo que más pueda. Ponga su mano en la mano de Dios; extienda su mano para una ayuda que esté disponible. Permita que el amor de Dios lo consuele y que el poder de Dios lo capacite para que sea el mejor padre soltero posible.

¿Soy libre de volverme a casar?

Está más allá del alcance de este libro dar un largo tratado de pasajes bíblicos que trate con el divorcio y el matrimonio. Un número de excelentes libros están disponibles, los que dan un análisis exegético de esos pasajes.[4] La Biblia enfatiza el ideal de Dios: Un matrimonio monógamo para la vida. Habla del divorcio como el fracaso del hombre para experimentar el ideal pero dice poco de acerca del nuevo matrimonio. Como George Peters, un reconocido erudito del Nuevo Testamento, dice: "El Dios que promulgó las más altas y más nobles ideas no puede legislar ideas más bajas y menores, aunque permita que el hombre viva y opere en un nivel por debajo del ideal".[5]

Aun en el caso de las viudas y de los viudos, la Biblia no ordena ni prohíbe el volverse a casarse. La elección se le deja al individuo mientras busca lo que es mejor para él (Ro. 7:1-6; 1 Co. 7:6-9; 1 Ti. 5:14). En el caso del divorcio debido a la fornicación o deserción, de nuevo la Biblia guarda silencio en cuanto a volverse a casar. Peters apunta:

"No hay nada en las palabras de Cristo en Mateo. 5:32 ni en 19:1-9 que prohíbe el volverse a casar de las personas divorciadas debido a la fornicación. Cristo ni siquiera reflexiona de forma negativa sobre el matrimonio en tales casos. Ni hay legislación en el escrito de los apóstoles (específicamente, Pablo en 1 Co. 7:15) que haría de un nuevo matrimonio del creyente abandonado un pecado".[6]

De este modo, en el caso del divorcio debido a fornicación

o deserción, muchos creen que la Biblia no condena ni recomienda el volverse a casar.

Sin embargo el divorcio sí se lleva a cabo por razones a parte de la infidelidad sexual y de la deserción. Con la subida de las leyes del divorcio no culpable, la mayoría de los divorcios crecen por razones muy subjetivas, como la supuesta incompatibilidad. El nuevo casamiento de estos divorciados por causas que no sean de fornicación y deserción constituye adulterio de acuerdo con las palabras de Cristo y Pablo (vea Mt. 5:32; 19:9; Mr. 10:11-12; Lc. 16:18; 1 Co. 7:15). Pablo dice en 1 Corintios 7:10-11: "A los casados instruyo, no yo, sino el Señor: que la mujer no debe dejar al marido (pero si lo deja, quédese sin casar, o *de lo contrario* que se reconcilie con su marido), y que el marido no abandone a su mujer" (BLA, cursivas añadidas).

Aunque la posibilidad del divorcio se reconoce, nunca se alienta en las Escrituras. El casarse de nuevo, excepto posiblemente cuando el divorcio es por causa de fornicación o deserción, siempre se ve como adulterio. Inmediatamente surge la pregunta, ¿no se puede perdonar el adulterio? La respuesta es claramente sí. Si hay una genuina confesión del pecado, el adulterio se puede perdonar. El perdón, sin embargo no borra todos los resultados del pecado. Miles de parejas perdonadas testificarán de las cicatrices siempre presentes que nunca se borrarán por completo.

¿Debo volverme a casar? ¿Por qué no poner esa pregunta en el estante hasta que haya hecho todo esfuerzo para la reconciliación? Si la reconciliación es imposible —si concluye el divorcio, si su cónyuge se ha vuelto a casar o ha sido sexualmente infiel y rechaza todo intento de reconciliación—, usted puede considerar volver a casarse. Pero no se mueva demasiado rápido. La mayoría de los consejeros están de acuerdo en que los intentos de reconciliación se toman alrededor de dos años para obrar a través del trauma emocional del divorcio. El escollo más común es el matrimonio prematuro. Eso explica el hecho de que el índice de divorcio de las segundas nupcias es más alto que el de los primeros matrimonios. Tome más tiempo para prepararse para su segundo matrimonio. La unidad será más difícil de obtener debido a las frustraciones y las memorias que le trae el segundo matrimonio. Redescúbrase antes de buscar volver a casarse.

TAREAS PARA EL CRECIMIENTO

1. Si su cónyuge insiste en el divorcio y rechaza dar pasos hacia la restauración, pídale a Dios que le dé fuerzas y sabiduría para aceptar esa decisión.
2. Mantenga la puerta de la reconciliación abierta por su parte y ore para que Dios continúe estimulando la mente de su cónyuge.
3. Busque el consejo de un abogado, un pastor o de un amigo en las áreas en las que usted tiene preguntas.
4. Busque ser equitativo en todos los arreglos legales.
5. Seleccione uno o más de los libros enumerados en la lista de recursos al final de este libro y continúe buscando crecimiento personal.

CÓMO ENFRENTAR EL FUTURO

Contrario a sus sentimientos presentes, el futuro puede ser brillante. Los planes de Dios para usted son buenos. "Porque yo sé muy bien los planes que tengo para ustedes afirma el Señor, planes de bienestar y no de calamidad, a fin de darles un futuro y una esperanza" (Jer. 29:11, NVI).

Los fracasos pasados no deben destruir su esperanza para el futuro. Si lo elije, puede descubrir la euforia del matrimonio renacido; renacido a un nivel más profundo que antes. Su comunicación y el entendimiento del uno con el otro pueden ser mucho más íntimos de lo que nunca ha conocido. Mientras perdona el pasado, expresa sus sentimientos, busca un entendimiento y aprende a amar, puede encontrar la realización. Eso es lo que usted quería. Se ha convertido en realidad para cientos de parejas que se han comprometido a hacer el camino de la reconciliación.

He tratado de ser realista al describir el proceso de restaurar un matrimonio. No es fácil. Será doloroso mientras que su cónyuge da a conocer los sentimientos honestos que ha desarrollado durante años. Usted tendrá la tendencia a defenderse y negar que no haya satisfecho las necesidades. Verá de manera clara los fracasos de su cónyuge mientras que los suyos le parecerán insignificantes. Es difícil admitir que también le ha fallado a su cónyuge.

Mientras que ambos entienden sus fracasos y se mueven a corregirlos, usted puede experimentar un crecimiento tremendo. Algunas de las cosas que le han desagradado a través de los años se pueden cambiar. Usted no es esclavo de los antiguos patrones de comportamiento. Se animará grandemente mientras se convierte en la persona atenta y amorosa que usted quiere ser. Estará emocionado(a) por los cambios positivos que ve en su cónyuge.

Tal cambio no es probable que ocurra sin la ayuda de Dios. Ambos necesitan regresar a Dios de una manera fresca. Si no lo ha hecho, podría invitar a Cristo a su vida. Jesús murió para pagar la culpa de sus pecados pasados. Dios quiere perdonar. Él no mantendrá el pasado en contra suya si usted acepta a Cristo como su Salvador. El Espíritu de Dios vendrá a vivir en usted y darle el poder para que haga los cambios necesarios en su vida. Con su ayuda, Él puede realizar las cosas que usted nunca soñó que fueran posibles. Su vida completa puede dar un vuelco y a su tiempo usted podrá ayudar a otros.

Quiero retarle a aceptar el perdón de Dios, abrir la puerta de su vida a Cristo y con su mano en la mano de Dios salir e intentar las cosas dichas en este libro. Nunca se arrepentirá de sus intentos de cumplir con lo mejor de Dios.

Como he tratado de decir a través de este libro, sus esfuerzos no garantizan la restauración de su matrimonio. Su cónyuge tiene la libertad de alejarse de todas sus aperturas. Si, después que haga todo esfuerzo para la reconciliación, su cónyuge rechaza reconciliarse, ¿qué debe hacer usted? Permanecer con su mano en la mano de Dios. Esta no es una posición mala. Usted será libre de la culpa de los pasados fracasos porque habrá confesado su error a Dios y a su cónyuge. Tendrá la satisfacción de haber buscado la reconciliación. Su relación con Dios será vital y estará creciendo. Usted apreciará sus habilidades y admitirá sus debilidades. Estará en un programa y ministerio de crecimiento personal que lo guiará a la realización. Dios no lo hará responsable por la decisión de su cónyuge. Usted es responsable solo de sus propias actitudes y comportamiento.

Si la reconciliación no es posible, no piense que los propósitos de Dios se terminaron. Dios lo ha dotado y lo ha llamado para que le sirva en su familia. Él quiere usar su vida para propósitos positivos y Él quiere satisfacer sus necesidades (Fil. 4:9). No diga: "Nunca puedo ser feliz sin mi cónyuge". Si su cónyuge no regresa, Dios aún lo guiará por el valle de la desesperación a la montaña del gozo. Dios no ha terminado con usted. Su felicidad no depende del comportamiento de su cónyuge sino de su respuesta a Dios y a la vida. "Todo lo puedo en Cristo que me fortalece" (Fil. 4:13). "porque Dios es el que en vosotros produce así el querer como el hacer, por *su buena voluntad*" (Fil. 2:13, cursivas añadidas).

La meta más alta en la vida es seguir el liderazgo de Dios diariamente. Dios no solo le mostrará el camino a seguir, sino que le dará el poder para que tome los pasos necesarios. Él usará a amigos, libros, cintas y la iglesia para ayudarlo. En esas horas cuando nadie más puede ayudar, Él le asegurará su presencia. Como dijo David: "Me mostrarás la senda de la vida; en tu presencia hay plenitud de gozo; delicias a tu para siempre" (Sal. 16:11).

El escritor Haldor Lillenas expresó el gozo incomprensible de rendirse a Dios cuando escribió el himno:

> He encontrado una paz profunda que nunca había conocido
> Y un gozo que este mundo no puede pagar,
> ¡Ya que cedí el control de mi cuerpo y alma
> A mi maravilloso Señor, maravilloso Señor![1]
>
> © 1938 Lillenas Publishing Company (Administrado por la Copyright Company.) Usado con permiso.

En la privacidad de nuestros propios corazones, nadie nunca puede destruir la paz profunda que es el resultado de conocer a Dios como Padre. Nada puede traer más seguridad. Ninguna relación humana puede remplazar nuestra necesidad de dar a conocer la vida con Dios. A su vez Él nos guiará a desarrollar relaciones humanas en las cuales podamos amar y ser amados por otros.

El poder de la elección

Se tiene la intención de que el futuro sea la porción más brillante de su vida. No la eche a perder permitiendo que sus sentimientos lo tiren a una depresión debilitadora. No permita que la amargura consuma su espíritu. No se destruya con autocompasión. No aleje a sus amigos refutando constantemente el consuelo de ellos o tocando la grabación de su tristeza. La Biblia está llena de ejemplos de individuos que encontraron sus éxitos mayores después de experimentar tremendos fracasos.

Usted puede seguir el camino de la autodestrucción y terminar con un colapso emocional. Puede hacer su vida deprimente haciendo de cada día una repetición del pasado. O puede decir como el salmista: "Éste es el día que el SEÑOR actuó; regocijémonos y alegrémonos en él" (Sal. 118:24, NVI). Puede que no sea capaz de regocijarse en los fracasos del pasado o aun con su situación presente pero se puede regocijar que Dios le haya dado la habilidad de usar este día para bien. Cuando lo haga, estará feliz.

No trate de vivir todo su futuro hoy. Jesús enfatizó la importancia de vivir un día a la vez: "No os afanéis, pues, diciendo: ¿Qué comeremos, o qué beberemos, o qué vestiremos? Porque los gentiles buscan todas estas cosas; pero vuestro Padre celestial sabe que tenéis necesidad de todas estas cosas. Mas buscad primeramente el reino de Dios y su justicia, y todas estas cosas os serán añadidas. Así que, no os afanéis por el día de mañana, porque el día de mañana traerá su afán. Basta a cada día su propio mal" (Mt. 6:31-34). Probablemente estará de acuerdo con que tiene todos los problemas que usted puede manejar hoy. Por lo tanto, no pase tiempo hoy preocupándose acerca de los problemas que surgirán mañana. Pase su tiempo trabajando en los problemas del presente. ¿Qué puedo hacer hoy para mejorar mi situación? ¿Sobre qué puedo orar hoy? ¿Con quién necesito hablar hoy? ¿Qué acciones necesito tomar hoy? Las respuestas a esas preguntas lo guiarán a una actividad constructiva hoy. Su responsabilidad total para Dios es hacer el mejor uso de este día. Usted no puede deshacer el pasado. El futuro es tentativo. Dios le ha confiado a usted solo el presente y todo lo que Él espera es un uso sabio del hoy.

Trabaje limpiando una esquina de su vida. Elija la esquina que piensa que es la más importante ahora mismo.

Planifique su día

He encontrado muy útil planificar el día antes de comenzar. Después de todo, el tiempo es la vida. Cuando planifico mi tiempo estoy planificando mi vida. Cada hora es una porción de mi vida. Bajo la dirección de Dios, soy responsable de mi uso de ella. Por lo tanto, al comienzo de cada día, tomo lápiz y papel en mi mano y le pido a Dios que guíe mis pensamientos mientras que planifico mi día. Enumero todo lo que pienso que necesito hacer ese día: Llamadas telefónicas que necesito hacer, cartas que necesito escribir, visitas que necesito hacer, libros y revistas que necesito leer, cosas que necesito obtener, lugares donde necesito ir, información que necesito encontrar, actividades a las que necesito asistir. Una vez que se han enumerado, le pido a Dios que me ayude a decidir cuáles son las más importantes. Regreso y enumero cada una de ellas de acuerdo con su importancia.

Entonces comienzo a hacer lo más importante primero, o si se tiene que hacer durante cierto marco de tiempo, borro ese tiempo de mi calendario primero. Entonces procedo con la número dos. Puede que no termine con mi lista pero por lo menos cumplo con las cosas más importantes de ese día. Las otras las puedo poner en mi lista para mañana, si el mañana viene.

Ese tipo de planificación y seguir a través de las ayudas nos ayudan a cumplir la mayor parte cada día de la vida. El mayor enemigo del éxito en la vida será la pereza o la apatía hacia su tiempo. Si simplemente se sienta a mirar la televisión, a esperar a que algo suceda su vida será malgastada. Si se sienta experimentando compasión por sí mismo, podrá estar sentado diez años a partir de ahora. Sin embargo, si hace lo que más puede hacer, cumplirá con la voluntad de Dios con su vida.

Usted es responsable con lo que haga de su vida. Nadie más puede tomar esa responsabilidad. Puede culpar a otros por su infelicidad pero es un clamor hueco. Dios no lo va a responsabilizar por lo que otros hagan o no hagan con usted. Él solo lo hará responsable por lo que usted haga con su vida. No puede determinar las acciones de otros pero puede seleccionar sus reacciones. No tiene que estar amargado sencillamente porque alguien lo ha maltratado. Puede que no esté en control de sus sentimientos inmediatos, pero ciertamente puede determinar su comportamiento. Planifique su vida y siga con su plan.

Esté seguro de que incluyó a Dios en su planificación. Puede comenzar su planificación cada día con las palabras del cantautor:

> Jesús, Salvador, guíame
> Sobre el mar de la tempestuosa vida;
> Olas desconocidas sobre mí se balancean,
> Escondiendo rocas y traicioneros bancos;
> Carta y brújula vienen de ti;
> Jesús, Salvador guíame a mí.[2]

Ese verso pudiera expresar sus sentimientos mientras que se enfrenta a las incertidumbres del futuro. Dios conoce sus sentimientos y no lo condena por ellos. Él; sin embargo, sí espera que haga lo mejor que pueda de su vida a pesar de sus sentimientos. Planifique su tiempo y vaya en contra de sus sentimientos si es necesario cumplir con las cosas que usted necesita hacer hoy. Puede que llegue al final del día exhausto pero tendrá la satisfacción de haber hecho algo constructivo. Al pasar los días, usted se sentirá cada vez menos víctima de sus circunstancias. Se demostrará a sí mismo que, con la ayuda de Dios, su vida puede ser productiva y satisfactoria.

Alcance su camino a la salud

Si usted es capaz de moverse en el camino de la reconciliación, o si se le fuerza a aceptar el divorcio, leer los libros correctos puede ser un tremendo auxilio al ayudarlo a hacer lo que más puede en su vida. En la lista de los recursos se mencionan algunos libros designados para ayudarlo. Puede que no esté de acuerdo con lo que lee, pero busque las ideas prácticas que le pueda ayudar a alcanzar sus metas. Dios no nos ha dejado sin dirección. Los libros escritos desde una perspectiva bíblica lo pueden ayudar a encontrar el camino de Dios.

Recuerde, no es suficiente leer solamente. Usted debe aplicar la verdad a su vida. Necesita hacer cambios drásticos en su forma actual de pensar y de comportarse. Así, tendrá todo el poder de Dios para auxiliarlo.

TAREAS PARA EL CRECIMIENTO

1. ¡Comience el resto de su vida haciendo planes hoy! Enumere las cosas específicas que necesita cumplir hoy.

Cosas que debo hacer... hoy

Fecha _____

Orden de importancia		Completado
____ ○	_____	❏ ____
____ ○	_____	❏ ____
____ ○	_____	❏ ____
____ ○	_____	❏ ____
____ ○	_____	❏ ____
____ ○	_____	❏ ____
____ ○	_____	❏ ____
____ ○	_____	❏ ____
____ ○	_____	❏ ____
____ ○	_____	❏ ____

2. Enumere las actividades en orden de importancia colocando el número 1 frente al círculo en el inciso que piensa es el más importante, el número 2 en el segundo más importante, y así sucesivamente.

3. Cuando termine una tarea particular, ponga una marca (✓) en el bloque de la derecha.

NOTAS

Capítulo 2: Tome una acción constructiva

1. Evelyn Millis Duvall, *Why Wait Till Marriage?* [¿Por qué esperar hasta el matrimonio?] (Nueva York: Association, 1967), pp. 87–88. Pitirim Sorokin, *The American Sex Revolution* [La revolución sexual americana] (Boston: Porter Sargent, 1965), p. 115.

2. Michael J. McManus, *Marriage Savers* [Salvadores de matrimonios] (Grand Rapids, MI: Zondervan, 1993), 28.

3. El reporte de Wallerstein basado en un estudio innovador longitudinal de los efectos del divorcio se publicó en 1989. Ver Judith Wallerstein y Sandra Blakeslee, *Second Chances: Men, Women and Children a Decade After Divorce, Who Wins, Who Loses—and Why* [Segundas oportunidades: Los hombres, las mujeres y los niños después del divorcio. ¿Quién gana? ¿Quién pierde? ¿Por qué? (Nueva York: Ticknor & Fields, 1989).

4. Britton Wood, *Single Adults Want to Be the Church, Too* [Los adultos solteros quieren ser la iglesia también] (Nashville: Broadman, 1977), 82.

Capítulo 8: ¿Cómo manejaré la soledad?

1. James J. Lynch en una entrevista con Christopher Anderson, *People*, 22 de agosto de 1977, 30.

2. Maya Pines, "Psychological Hardness: The Role of Challenge in Health" ["Dureza psicológica: El rol del reto hoy"], *Psychology Today*, diciembre de 1980, 43.

3. "Divorce" ["El divorcio"], *Christian Medical Society Journal* 7, no. 1 (invierno 1976), 30.

4. Robert S. Weiss, *The Experience of Emotional and Social Isolation* [La experiencia del aislamiento emocional y social] (Cambridge: Massachussets Institute of Technology, 1973), 54.

5. *Ibíd.*, 57.

6. James Johnson, *Loneliness Is Not Forever* [La soledad no es para siempre] (Chicago: Moody, 1979), 21.

7. Paul Tournier, *Escape from Loneliness* [Escape de la soledad] (Filadelfia: Westminster, 1976), 23.

Capítulo 10: Si su cónyuge regresa

1. Robert Frost. "The Road Not Taken" ["El camino no andado"], ed. Edward Conery Lathem, *The Poetry of Robert Frost* [La poesía de Robert Frost] (Nueva York: Holt, Rinehart and Winston, 1969).

2. Gary Chapman, *The Five Love Languages* [Los cinco lenguajes del amor] (Chicago: Northfield, 1995).

Capítulo 11: Si su cónyuge le exige el divorcio

1. Michael J. McManus, *Marriage Savers* [Salvadores de matrimonios] (Grand Rapids, MI: Zondervan, 1993), 230.

2. Mel Krantzler, *Creative Divorce* [Divorcio creativo] (Nueva York: New American Library, 1975), 220.

3. Para una discusión más completa de cómo descubrir el "lenguaje fundamental de amor" de su hijo, lea Gary Chapman y Ross Campbell, *The Five Love Languages of Children* [Los cinco lenguajes del amor para niños] (Chicago: Northfield, 1997).

4. Vea Guy Duty, *Divorce and Remarriage* [Divorcio y nuevas nupcias] (Miniápolis: Bethany, 1967); y H. Wayne House, *Divorce and Remarriage: Four Christian Views* [Divorcio y nuevas nupcias: Cuatro puntos de vista cristianos] (Downers Grove, IL: InterVarsity, 1990).

5. George W. Peters, *Divorce and Remarriage* [Divorcio y nuevas nupcias] (Chicago: Moody, 1970), 21.

6. *Ibíd.*, 22.

Capítulo 12: Cómo enfrentar el futuro

1. Haldor Lillenas. "*My Wonderful Lord*" [Mi maravilloso Señor] Copyright 1938 por Lillenas Publishing Company (administrado por The Copyright Company, Nashville, TN). Todos los derechos

reservados. Derechos internacionales asegurados. Usado con permiso.

2. Edward Hopper. "Jesus, Saviour, Pilot Me" ["Jesús, Salvador, guíame"]. De dominio público.

LISTA DE RECURSOS DE EDITORIAL PORTAVOZ

A continuación encontrará un listado de libros del doctor Chapman y de otros autores que lo ayudarán. Estos han sido publicados por Editorial Portavoz.

Cómo crecer por el divorcio
Jim Smoke

Un recurso práctico para todo el que atraviese por un divorcio. Este libro puede transformar su vida y llevarle a un nuevo comienzo. Incluye una guía de trabajo.

ISBN: 978-0-8254-1673-6

Cómo encontrar su pareja perfecta
H. Norman Wright

¿Cómo saber si está enamorado? ¿Dónde puede encontrar su pareja para toda la vida?

Este libro ofrece pautas prácticas desarrolladas por el autor, un reconocido consejero y experto en relaciones matrimoniales. Tiene las respuestas bíblicas para ayudarle a tomar una de las decisiones más importantes de la vida: Con quién casarse. Le ayudará a elegir según la Palabra de Dios para que pueda tener el matrimonio que ha anhelado.

ISBN: 978-0-8254-1891-4

Cómo enfrentar la soledad
J. Oswald Sanders

Este libro es un verdadero intento de proveer respuestas reales a uno de los problemas más comunes y difíciles en la sociedad moderna. Esta obra está llena de esperanza. Contiene guías bíblicas y prácticas para manejar la soledad. Sanders nos enseña cómo identificar los síntomas y las causas de la soledad y cómo enfrentar el corazón del tema: La falta de intimidad de la persona sufriendo de la soledad.

ISBN: 978-0-8254-1669-9

Cómo recuperarse de las pérdidas de la vida
H. Norman Wright

Un libro para cualquier persona porque todos experimentamos pérdidas en algún momento de nuestra vida.

ISBN: 978-0-8254-1900-3

Consejería cristiana efectiva
Gary Collins y Sergio Mijangos

Una obra de consejería certera fundamentada en la Palabra de Dios. Inigualable para el consejero cristiano, el pastor, el líder de la iglesia y para cualquier creyente interesado en conocer las respuestas bíblicas a los problemas de la vida diaria.

ISBN: 978-0-8254-1126-7

Descubra el plan de Dios para su vida
J. Oswald Sanders

En este libro, el autor da a conocer los principios para entender la voluntad de Dios para nuestra vida.

Por más de 75 años, el autor explicó estos principios a miles de estudiantes, misioneros, pastores y público en general alrededor del mundo. Sanders arguye que la clave para la búsqueda de la voluntad de Dios en nuestra vida es conocer a Dios. Su voluntad puede entenderse claramente si se la busca.

ISBN: 978-0-8254-1621-7

Después de la boda: Meditaciones para parejas
H. Norman Wright

Los devocionales incluidos en este libro inspirarán a las parejas a celebrar su matrimonio, enriquecer la comunicación y experimentar la verdadera intimidad.

ISBN: 978-0-8254-1911-9

Distintos por diseño
John MacArthur

Descubra la belleza, el balance y los beneficios de las fronteras bíblicas diseñadas por Dios entre hombres y mujeres.
ISBN: 978-0-8254-1512-8

Una esposa conforme al corazón de Dios
Elizabeth George

La autora explica el secreto de la felicidad conyugal y proporciona valiosas ideas en importantes aspectos del matrimonio.
ISBN: 978-0-8254-1264-6

Un esposo conforme al corazón de Dios
Jim George

El autor trata acerca de doce aspectos de la vida del esposo, proporcionando aplicaciones prácticas para que un esposo sea conforme al corazón de Dios.
ISBN: 978-0-8254-1269-1

Fortaleciendo el matrimonio
Wayne Mack

Información práctica referente al matrimonio que incluye temas como la comunicación, las finanzas, el sexo, la educación de los hijos y la vida cristiana en familia.
ISBN: 978-0-8254-1454-1

Matrimonio, divorcio y nuevo matrimonio
Theodore H. Epp

Analiza las Escrituras para encontrar las respuestas de Dios a las preguntas sobre el matrimonio, el divorcio y el nuevo casamiento.

ISBN: 978-0-8254-1208-0

El matrimonio que siempre ha deseado
Gary Chapman

El conocido experto en relaciones personales y consejero de matrimonios, Gary Chapman, ofrece su sabiduría en los muchos asuntos que enfrentan los matrimonios. El mensaje central del libro es: Para disfrutar "el matrimonio que siempre ha deseado", tiene que primero ser la persona que *Jesús* siempre ha deseado que sea. Trata entre otros los temas de la comunicación, las expectativas y el reto de cómo manejar el dinero. Este libro es continuación de *Los cinco lenguajes de amor.*

ISBN: 978-0-8254-1111-3

La otra cara del amor
Gary Chapman

Este libro nos explica que la ira, esa emoción tan mal entendida, va mano a mano con el amor. Lleno de sugerencias y técnicas que ayudan a resolver mejor la ira.

ISBN: 978-0-8254-1110-6

Promesas poderosas para toda pareja
Jim y Elizabeth George

Los autores exploran veinte y cuatro promesas que provienen de Dios.

En ciertas secciones del libro, escritas especialmente para "él" y "ella", los autores ofrecen aplicaciones muy prácticas y a la vez rápidas para poner la verdad de Dios a trabajar en su matrimonio.

ISBN: 978-0-8254-1288-2

¿Yo? ¿Obedecer a mi marido?
Elizabeth Rice Handford

Trata bíblicamente lo que significa ser una esposa obediente y el camino de Dios para la felicidad y la bendición en el hogar.

ISBN: 978-0-8254-1302-5

AUTOR DE MÁS VENTA DE *LOS CINCO LENGUAJES DEL AMOR*

El matrimonio
que *siempre* ha deseado

Dr. Gary Chapman

El conocido experto en relaciones personales y consejero de matrimonios, Gary Chapman, ofrece su sabiduría en los muchos asuntos que enfrentan los matrimonios.

El mensaje central del libro es: Para disfrutar "el matrimonio que siempre ha deseado", tiene que primero ser la persona que Jesús siempre ha deseado que sea. Trata entre otros los temas de la comunicación, las expectativas y el reto de cómo manejar el dinero. Este libro es continuación de *Los cinco lenguajes de amor.*

ISBN: 978-0-8254-1111-3 / 160 páginas / rústica

Disponible en su librería cristiana favorita o en la internet: www.portavoz.com

PORTAVOZ

NUESTRA VISIÓN

Maximizar el efecto de recursos cristianos de calidad que transforman vidas.

NUESTRA MISIÓN

Desarrollar y distribuir productos de calidad —con integridad y excelencia—, desde una perspectiva bíblica y confiable, que animen a las personas a conocer y servir a Jesucristo.

NUESTROS VALORES

Nuestros valores se encuentran fundamentados en la Biblia, fuente de toda verdad para hoy y para siempre. Nosotros ponemos en práctica estas verdades bíblicas como fundamento para las decisiones, normas y productos de nuestra compañía.

Valoramos la excelencia y la calidad
Valoramos la integridad y la confianza
Valoramos el mérito y la dignidad de los individuos
 y las relaciones
Valoramos el servicio
Valoramos la administración de los recursos

Para más información acerca de nuestra editorial y los productos que publicamos visite nuestra página en la red: www.portavoz.com